AF601114

BIBLIOTHÈQUE DES ÉCOLES FRANÇAISES D'ATHÈNES ET DE ROME

EN VENTE :

PREMIÈRE SÉRIE (FORMAT GRAND IN-8°).

FASCICULE PREMIER. — 1. ETUDE SUR LE LIBER PONTIFICALIS, par M. l'abbé DUCHESNE. — 2. RECHERCHES SUR LES MANUSCRITS ARCHÉOLOGIQUES DE JACQUES GRIMALDI, par M. Eugène Müntz. — 3. ETUDE SUR LE MYSTÈRE DE SAINTE AGNÈS, par M. CLÉDAT. . . . . 10 fr.

FASCICULE SECOND. — ESSAI SUR LES MONUMENTS GRECS ET ROMAINS RELATIFS AU MYTHE DE PSYCHÉ, par M. Maxime COLLIGNON, ancien membre de l'École française d'Athènes, professeur à la Faculté des lettres de Bordeaux. . . . . 5 fr. 50

FASCICULE TROISIÈME. — CATALOGUE DES VASES PEINTS DU MUSÉE DE LA SOCIÉTÉ ARCHÉOLOGIQUE D'ATHÈNES, par M. Maxime COLLIGNON, ancien membre de l'Ecole française d'Athènes (avec sept planches gravées). . . . . 10 fr.

FASCICULE QUATRIÈME. — LES ARTS A LA COUR DES PAPES PENDANT LE XVe ET LE XVIe SIÈCLE, recueil de documents inédits tirés des archives et des bibliothèques romaines, par M. Eugène Müntz, ancien membre de l'Ecole française de Rome, bibliothécaire-archiviste de l'Ecole nationale des Beaux-Arts, membre résidant de la Société nationale des antiquaires de France. — PREMIÈRE PARTIE : Martin V — Pie II (1417-1464) (*Ouvrage couronné par l'Institut*). . . . . 12 fr.

N. B. — Ce fascicule ne se vend qu'avec le IXe contenant la 2e partie du travail de l'auteur.

FASCICULE CINQUIÈME. — INSCRIPTIONS INÉDITES DU PAYS DES MARSES, recueillies par M. E. FERNIQUE, ancien membre de l'Ecole française de Rome. . . . . . 4 fr. 50

FASCICULE SIXIÈME. — NOTICE SUR DIVERS MANUSCRITS DE LA BIBLIOTHÈQUE VATICANE. — RICHARD LE POITEVIN, moine de Cluny, historien et poète, par M. Elie BERGER, ancien membre de l'Ecole française de Rome, lauréat de l'Institut de France (avec une planche en héliogravure). . . . . 5 fr.

FASCICULE SEPTIÈME. — DU RÔLE HISTORIQUE DE BERTRAND DE BORN (1175-1200), par M. Léon CLÉDAT, ancien élève de l'Ecole des Chartes et de l'Ecole pratique des Hautes-Etudes, ancien membre de l'Ecole française de Rome, professeur à la Faculté des lettres de Lyon. . . . . 4 fr.

FASCICULE HUITIÈME. — RECHERCHES ARCHÉOLOGIQUES SUR LES ILES IONIENNES. — I. **CORFOU**, par M. Othon RIEMANN, ancien membre de l'Ecole française d'Athènes, maître de conférences à la Faculté des lettres de Paris (avec deux planches hors texte, et trois bois intercalés dans le texte). . . . . 3 fr.

FASCICULE NEUVIÈME. — LES ARTS A LA COUR DES PAPES PENDANT LE XVe ET LE XVIe SIÈCLE, recueil de documents inédits tirés des archives et des bibliothèques romaines, par M. Eugène Müntz, ancien membre de l'Ecole française de Rome, bibliothécaire-archiviste de l'Ecole nationale des Beaux-Arts, membre résidant de la Société nationale des antiquaires de France. — DEUXIÈME PARTIE : Paul II (1464-1471). 1 vol. avec deux planches en héliogravure (*Ouvrage couronné par l'Institut*). 12 fr.

Voir ci-dessus, fascicule IV (1re partie de l'ouvrage).

FASCICULE DIXIÈME. — RECHERCHES POUR SERVIR A L'HISTOIRE DE LA PEINTURE ET DE LA SCULPTURE CHRÉTIENNES EN ORIENT AVANT LA QUERELLE DES ICONOCLASTES, par M. Ch. Bayet, ancien membre de l'École française de Rome et de l'Ecole française d'Athènes, professeur à la Faculté des lettres de Lyon. . . . . 4 fr. 50

FASCICULE ONZIÈME. — ETUDES SUR LA LANGUE ET LA GRAMMAIRE DE TITE-LIVE, par M. Othon RIEMANN, ancien membre de l'École française d'Athènes, maître de conférences à la Faculté des lettres de Paris. . . . . 9 »

Ce fascicule, dont il reste peu d'exemplaires, ne se vend qu'avec la collection de la Bibliothèque.

FASCICULE DOUZIÈME. — RECHERCHES ARCHÉOLOGIQUES SUR LES ILES IONIENNES. — II. **CÉPHALONIE**, par M. Othon RIEMANN, ancien membre de l'Ecole française d'Athènes, maître de conférences à la Faculté des lettres de Paris (*avec une carte*). 3 fr.

FASCICULE TREIZIÈME. — DE CODICIBUS MSS. GRÆCIS PII II, IN BIBLIOTHECA ALEXANDRINO-VATICANA schedas excussit L. DUCHESNE, gallicæ in urbe scholæ olim socius. 1 fr. 50

FASCICULE QUATORZIÈME. — NOTICE SUR LES MANUSCRITS DES POÉSIES DE SAINT PAULIN DE NOLE, suivie d'observations sur le texte, par M. Emile CHATELAIN, ancien membre de l'Ecole française de Rome, lauréat de l'Institut de France, répétiteur à l'Ecole pratique des Hautes-Etudes. . . . . 4 fr.

FASCICULE QUINZIÈME. — INSCRIPTIONS DOLIAIRES LATINES. Marques de briques relatives à une partie de la *gens Domitia*, recueillies et classées par M. CH. DESCEMET (*avec figures*). . . . . 12 fr. 50

A suivre.

BIBLIOTHÈQUE

DES

ÉCOLES FRANÇAISES D'ATHÈNES ET DE ROME

FASCICULE VINGT-CINQUIÈME

NOUVELLES RECHERCHES SUR L'ENTRÉE DE SPAGNE,

par M. Antoine THOMAS.

TOULOUSE. — IMP. A. CHAUVIN ET FILS, RUE DES SALENQUES, 28.

NOUVELLES RECHERCHES

SUR

L'ENTRÉE DE SPAGNE

CHANSON DE GESTE FRANCO-ITALIENNE

PAR

Antoine THOMAS

ANCIEN MEMBRE DE L'ÉCOLE FRANÇAISE DE ROME
MAÎTRE DE CONFÉRENCES A LA FACULTÉ DES LETTRES DE TOULOUSE

PARIS
ERNEST THORIN, ÉDITEUR
LIBRAIRE DES ÉCOLES FRANÇAISES D'ATHÈNES ET DE ROME
DU COLLÈGE DE FRANCE ET DE L'ÉCOLE NORMALE SUPÉRIEURE
7, RUE DE MÉDICIS, 7

1882

NOUVELLES RECHERCHES

SUR

L'ENTRÉE DE SPAGNE

CHANSON DE GESTE FRANCO-ITALIENNE

INTRODUCTION

Parmi les manuscrits français possédés par la bibliothèque de Saint-Marc, à Venise, l'un des plus précieux est celui qui porte le n° XXI. Indiqué simplement par Zanetti (1), puis par MM. Paul Lacroix (2) (1839) et Keller (3) (1844), ce manuscrit n'a été réellement étudié qu'en 1856 : c'était l'année où MM. Guessard, Michelant et Léon Gautier parcouraient les bibliothèques de la Suisse et de l'Italie au profit de la future collection des *Anciens Poètes de la France*. L'étude du manuscrit XXI échut à M. Léon Gautier, qui, en 1858, publia le résultat de son travail sous ce titre : « L'*Entrée en Espagne*, chanson de geste inédite, renfermée dans un manuscrit de la bibliothèque de Saint-Marc, à Venise.

(1) *Latina et italica D. Marci bibl. codicum manuscriptorum.* Venise, 1741. In-fol.

(2) *Dissertations sur quelques points curieux de l'histoire de France*, tome VII

(3) Dans le *Romvart*, publié à Mannheim.

Notice, analyse et extraits (1). » Depuis lors, l'*Entrée de Spagne* (2) n'a pas été publiée, bien qu'une publication intégrale eût été et soit encore fort désirable. On s'en explique assez la raison, en songeant au temps considérable que demanderait la copie complète d'un manuscrit de plus de trois cents feuillets. Mais, depuis l'étude de M. Léon Gautier, plusieurs savants ont eu à s'occuper de l'œuvre qu'il avait été le premier à faire connaître avec quelque détail. M. Gaston Paris, avec cette largeur de vues qu'on ne cesse d'admirer d'un bout à l'autre de l'*Histoire poétique de Charlemagne*, jugea du premier coup de la place capitale qui revient à l'*Entrée de Spagne* dans l'histoire de la légende carolingienne en Italie. Cette place, il chercha à la préciser autant que possible, et c'est ainsi que furent soulevées des questions que n'avait pas examinées M. Léon Gautier. Quelle était l'étendue primitive de l'œuvre dont le manuscrit XXI nous a conservé un si précieux et déjà si considérable fragment? Quels sont les rapports de ce manuscrit avec un autre manuscrit de la *Marciana*, le n° V du fonds français? C'était beaucoup d'avoir posé nettement ces questions : il était plus difficile alors de les résoudre d'une façon définitive et qui s'imposât à tout le monde. Les conclusions de M. Gaston Paris furent combattues par M. Léon Gautier lui-même, qui vit se ranger à ses côtés MM. Karl Bartsch et Paul Meyer. On peut dire que, depuis lors, la discussion est restée ouverte. M. Gaston Paris avait bâti avec les matériaux qu'il avait à sa disposition; ses contradicteurs ont démoli une partie de l'édifice comme défectueuse, mais ils ne l'ont pas reconstruite. Le but de ce mémoire est de reprendre complètement la question et d'apporter des résultats qui seront, je l'espère, à l'abri de toute contestation future.

Qu'on ne s'étonne pas trop de voir que, sur une question en somme assez facile, la critique n'ait pu encore arriver à une solution définitive. Les savants éminents qui ont eu à s'occuper de l'*Entrée de Spagne* n'avaient à leur disposition que l'analyse de M. Léon Gautier; or, non seulement cette analyse renferme une

(1) Imprimé dans la *Bibliothèque de l'École des Chartes*, 4ᵉ série, tome IV, p. 217-270, d'après laquelle nous citons.

(2) Tel est, plus exactement, le titre que donne le ms. XXI, et non *Entrée en Espagne*. On pourrait, il est vrai, corriger un peu le manuscrit et imprimer *L'Entrée d'Espagne*; mais ce serait, je crois, trop franciser le style de l'auteur. En gardant *L'Entrée de Spagne*, on a l'avantage d'indiquer tout de suite qu'on est en présence d'une œuvre, non pas française, mais franco-italienne.

erreur capitale sur un point que l'on considérait comme parfaitement établi, mais faite à une époque où la plupart des questions relatives à cette œuvre n'étaient pas nettement posées, elle ne pouvait, comme je l'ai dit, fournir les moyens de les résoudre sûrement. Il était donc présumable qu'une nouvelle étude directe du manuscrit, faite avec la préoccupation d'éclaircir les points obscurs et de recueillir des arguments décisifs, pour ou contre telle opinion controversée, conduirait à des résultats importants, sinon définitifs. Telle est la pensée avec laquelle j'ai abordé le manuscrit XXI. Je n'ai pas tardé à faire quelques observations qui, il y a vingt-cinq ans, avaient échappé au futur auteur des *Epopées françaises*, mais qui l'auraient certainement frappé depuis, s'il avait pu revoir ce manuscrit à loisir. Ces observations m'ont amené à voir le mal fondé du seul point peut-être que l'on considérât comme bien établi, je veux dire du nom de l'auteur. Une saine interprétation des textes, à ce sujet, permet de résoudre de la façon la plus simple, la plus lumineuse, la question en apparence si compliquée des rapports des manuscrits XXI et V.

Pour faciliter au lecteur l'intelligence de ce mémoire, il est nécessaire de donner un résumé des différents travaux dont l'*Entrée de Spagne* a été l'objet jusqu'à ces derniers temps.

En 1858, M. Léon Gautier fit précéder son analyse et ses extraits de recherches sur le nom de l'auteur. et, de deux passages du manuscrit, il crut pouvoir conclure que l'auteur s'appelait Nicolas de Padoue. Ce nom a pris place depuis lors dans l'histoire littéraire, il a été accepté et répété par tout le monde comme celui de l'auteur de l'*Entrée de Spagne*. Je montrerai que ce nom ne répond à aucune réalité, et qu'il provient de la fusion inconsidérée de deux auteurs en un : un Padouan qui n'a pas voulu dire son nom, et un Nicolas qui n'a pas dit sa patrie (1).

M. Léon Gautier avait remarqué que le ms. XXI devait avoir une suite, et, parlant du dernier vers qu'il contenait, il disait (2) : « C'est le premier vers d'un second poème de notre auteur, et ce poème est sans doute la *Prise de Pampelune*. » En publiant, en 1864 (3), la *Prise de Pampelune* (ms. V), M. Mussafia ne s'est pas

(1) Une note de M. Gaston Paris (*Romania*, X, 456), m'apprend que M. Edmund Stengel a entrevu la nécessité de ce dédoublement. Une pareille remarque faite, semble-t-il, sans le secours du manuscrit de Venise, fait grand honneur à la sagacité du savant professeur de Marburg.

(2) *Ubi suprà*, p. 267.

(3) *Altfr. Gedichte aus venezian. Handschr.*, 1re partie.

préoccupé de ce côté de la question, et il n'a pas examiné l'opinion émise en passant par M. Léon Gautier. Ce point a en revanche attiré l'attention toute particulière de M. Gaston Paris ; dans son *Histoire poétique de Charlemagne* (1865), l'éminent écrivain s'est attaché à montrer, par des considérations à la fois linguistiques et littéraires, que la *Prise de Pampelune* avait le même auteur que l'*Entrée de Spagne*, soit Nicolas de Padoue, et que nous avions là deux fragments de la même œuvre séparés par une lacune du récit entre la fin du ms. XXI et le début du ms. V (1). Bien que l'opinion de M. Gaston Paris reproduisît, appuyée sur de très forts arguments, celle que semblait d'abord avoir eue M. Léon Gautier, ce dernier ne l'accepta pas, et, dans la première édition de ses *Epopées françaises* (2) (1865-1867), il soutint que la *Prise de Pampelune* n'était pas du même auteur que *l'Entrée de Spagne*. M. Karl Bartsch, en rendant compte des *Epopées françaises*, se rangea du côté de M. Léon Gautier contre M. Gaston Paris (3). M. Paul Meyer en fit autant, et on peut le regarder comme le champion le plus autorisé de cette cause, à la défense de laquelle il a consacré quelques pages de ses *Recherches sur l'Epopée française* (4).

En 1871 parut à Bologne un important travail de M. Pio Rajna, intitulé : *La Rotta di Roncisvalle nella letteratura cavalleresca italiana*. M. Rajna avait eu entre les mains pour ce travail le manuscrit XXI de Venise ; mais, ne voulant pas sortir du cadre déjà considérable qu'il s'était tracé, il n'avait pas à reprendre la question du rapport des manuscrits XXI et V ; il s'est donc borné à rapporles opinions contradictoires de MM. Gaston Paris et Paul Meyer, sans se prononcer personnellement (5). Il a du moins eu le mérite de mettre en lumière un fait important que l'on ne saurait plus contester aujourd'hui : c'est que l'auteur de l'*Entrée de Spagne* n'avait pas dû composer de *Ronceraux*, ainsi que l'avait pensé à tort M. Gaston Paris (6).

(1) Pages 173-174.

(2) Tomes I, p. 430, et II, p. 351.

(3) *Revue critique*, 1867, p. 263.

(4) Ce travail a paru dans la *Bibliothèque de l'École des Chartes*, année 1867, d'après laquelle je cite : voy. p. 311-314.

(5) Je cite ce travail d'après le *Propugnatore*, revue littéraire de Bologne, dans laquelle il a d'abord paru : t. IV, 1re partie, p. 57 et suiv.

(6) Notons que M. Paulin Paris, dans la notice qu'il a consacrée en 1873 aux deux poèmes contenus dans les mss. XXI et V, s'est également rangé à l'avis

Dans la seconde édition de ses *Epopées françaises* (1880), M. Léon Gautier a utilisé les travaux dont je viens de parler. S'aidant des arguments nouveaux de M. Paul Meyer et des observations de M. Rajna, il a cru pouvoir formuler les conclusions suivantes : Nicolas de Padoue, auteur de l'*Entrée de Spagne*, n'est pas l'auteur de la *Prise de Pampelune* parvenue jusqu'à nous ; mais il a certainement composé une autre *Prise de Pampelune*, ou, pour mieux parler, une seconde partie de l'*Entrée de Spagne*, qui, toutefois, ne comprenait pas le récit de Roncevaux ; cette *Prise de Pampelune* de Nicolas de Padoue, aujourd'hui perdue, a été reproduite et défigurée dans les différentes *Spagna* en vers et en prose (1). Il est inutile de faire valoir les objections que soulève cette existence supposée d'une seconde *Prise de Pampelune*, car c'est là une supposition qui tombera d'elle-même tout à l'heure. Notons plutôt que M. Stengel paraît se ranger à cette dernière opinion de M. Léon Gautier, en admettant (2) que la *Prise de Pampelune* que nous possédons est un remaniement d'une partie de l'œuvre de Nicolas. Il est étonnant que la pénétration de M. Stengel, qui lui avait fait entrevoir que le Padouan et Nicolas n'étaient pas une seule personne, ne lui ait pas découvert jusqu'au bout toutes les conséquences de cette observation capitale.

Il faut enfin signaler un élément nouveau introduit depuis peu dans la question : c'est l'inventaire des manuscrits français possédés par Francesco Gonzaga, capitaine de Mantoue, au moment de sa mort, en 1407. Ce texte, publié par M. Braghirolli et annoté par MM. Gaston Paris et Paul Meyer (3), mentionne non seulement nos manuscrits V et XXI, mais quatre autres manuscrits, aujourd'hui perdus, de l'*Entrée de Spagne*. La publication de cet inventaire est venue en apparence ajouter de nouveaux problèmes à ceux que l'on avait déjà, si bien que M. Gaston Paris a pu dire à ce propos : « Il est écrit que tout sera obscur dans cette question (4). » En réalité, la connaissance de ce précieux document, combinée avec l'étude directe du manuscrit XXI, — ressource que n'avaient à leur disposition ni M. Gaston Paris, ni M. Paul Meyer, ni M. Léon Gautier, — nous permet-

de M. Léon Gautier contre la commune paternité de Nicolas de Padoue (*Hist. litt.*, XXVI, p. 371).

(1) Tome III, p. 416-417.

(2) *Zeitschrift für romanische Philologie*, V, p. 175.

(3) *Romania*, IX, p. 497 et suiv. (octobre 1880).

(4) *Romania*, IX, p. 504.

tra aujourd'hui de faire complètement la lumière.

Je crois utile, aussi bien pour la clarté de la discussion que pour la commodité du lecteur, de formuler à l'avance les résultats nouveaux auxquels je suis arrivé. Le lecteur verra tout de suite l'importance qu'ils peuvent avoir, et il voudra bien les considérer comme des propositions qu'il me reste à démontrer.

I. *Nicolas de Padoue n'existe pas, mais l'*Entrée de Spagne *est l'œuvre de deux auteurs, dont le premier était de Padoue et dont le second s'appelait Nicolas; le second a continué le poème laissé inachevé par le premier.*

II. *La* Prise de Pampelune *fait partie intégrante de l'*Entrée de Spagne *et a pour auteur Nicolas.*

III. *Ce Nicolas n'est autre que Nicolas de Vérone, auteur de la* Passion.

I

*L'*Entrée de Spagne *est l'œuvre de deux auteurs dont le premier était de Padoue et dont le second s'appelait Nicolas : le second a continué le poème laissé inachevé par le premier.*

Voici en quels termes M. Léon Gautier parlait, en 1858, de l'auteur de l'*Entrée de Spagne* (1) :

« Notre poète était de Padoue, dans la marche de Trévise ; il » nous l'apprend au f° 214 de notre manuscrit :

Mon nom vos non dirai, mai sui (2) patavian,
De la citez que fist Antenor le Troian
En la joiose marche del cortois Trevixan,
Près la mer à .X. lieues, o il est plus prosan (3).

« Malgré la modestie qui l'empêche, à cet endroit du poème, » de nous décliner son nom, l'auteur se ravise, et dans les der- » niers vers il nous révèle qu'il s'appelait Nicolas, ce qui assu- » rément ne valait pas la peine d'être caché :

Et comme Nicolais à rimer l'a complue (304 r°). »

La lecture de ce dernier vers, reproduite plus loin par M. Léon Gautier, était fautive, et M. Pio Rajna (4) l'a ainsi corrigée d'après le manuscrit :

Ci tourne Nicolais à rimer la complue
De l'*Entree de Spagne*...

(1) *Loc. cit.*, p. 220 ; ce passage a été reproduit dans les *Epopées françaises*, II¹, p. 323 ; et III², p. 404.

(2) Le manuscrit porte *fui*.

(3) Le manuscrit a *proçan*.

(4) *La Rotta di Roncisvalle*, p. 53.

Cette correction a été depuis acceptée par M. Léon Gautier (1) et je me suis assuré que le manuscrit donne pleinement raison à M. Rajna. Tout le monde est donc d'accord pour lire ainsi qu'il suit les derniers vers que nous ait conservés le ms. XXI :

> Ci tourne Nicolais à rimer la complue
> De l'*Entree de Spagne*, qe tant è stee escondue
> Par ce ch'elle n'estoit par rime componue
> Da cist punt en avant, ond il l'a proveüe
> Pour rime, cum celu q'en latin l'a leüe.
> Our contons de l'istoire qe doit etre entendue
> Da cascun q'en bonté ha sa vie disponue.
> Avant q'à Roll. soit...

Cet accord constaté, il n'en demeure que plus étonnant que personne n'ait songé à se dire que l'auteur de ces derniers vers ne pouvait être le même que celui de la première et majeure partie du manuscrit, que le *patavian* du f° 214. Quand un auteur déclare aussi catégoriquement qu'il ne dira pas son nom, il faut croire qu'il a des raisons pour cela, et admettre qu'il sait ce qu'il dit : pourquoi, sans aucune preuve, supposer qu'il s'est donné si tôt un démenti ? On aura beau arguer de l'amour-propre d'auteur, et dire qu'il s'est ravisé : il n'en reste pas moins fort invraisemblable qu'un auteur déclare qu'il ne dira pas son nom, quand rien ne l'oblige à une déclaration pareille, pour venir ensuite, avec aussi peu de façons, enchâsser son nom dans un vers. Je mets donc en fait que l'opinion qui semble s'être présentée tout naturellement à l'esprit de M. Léon Gautier, et que tout le monde a acceptée sans réflexion, est de beaucoup la moins naturelle, et que, en l'absence de toute autre preuve, on pourrait affirmer au moins comme très probable que nous avons, dans ces derniers vers, le début de l'œuvre d'un continuateur, dont la suite ne nous a pas été conservée.

Le sens littéral de ces derniers vers ne me paraît pas douteux : « Ici Nicolas se met à rimer le reste de l'*Entrée de Spagne*, qui est demeuré si longtemps ignoré parce que, à partir de cet endroit, il n'avait pas été mis en vers; c'est pourquoi il s'est mis à le rimer, comme un homme qui l'avait lu en latin. » Telle est, en dernière analyse, la traduction que donne M. Pio Rajna (2), et

(1) *Epopées françaises*, 2ᵉ édition, tome III, p. 416.
(2) *Loc. cit.*, p. 54.

pourtant il déclare que « v' è da rimanere alquanto perplessi nell' interpretazione dei versi antecedenti. » C'est qu'en effet autant ces paroles s'expliquent bien dans la bouche d'un continuateur, autant elles deviennent incompréhensibles dans celle du Padouan. Comment un auteur qui, dès son début, déclare n'avoir d'autre intention que de mettre en vers français la chronique latine de Turpin, pourrait-il, vers le quinze ou seize millième vers, nous dire que c'est seulement à partir de cet endroit, *da cist pont en avant*, que l'*Entrée de Spagne* n'a pas été rimée avant lui? Il faut nécessairement admettre que le Padouan et Nicolas sont deux auteurs distincts, et que Nicolas s'est mis à continuer l'œuvre laissée interrompue par le Padouan,

Par ce ch'elle n'estoit par rime componue
Da cist pont en avant, ond il l'a proveüe
Pour rime, cum celu q'en latin l'a leüe.

Il faut donc, conformément aux paroles de notre Padouan, nous résigner à ne pas savoir son nom, puisqu'il n'a pas voulu nous le dire. L'article 56 du catalogue des manuscrits de Francesco Gonzaga, qui s'applique certainement à un texte de notre poème, texte qui s'arrêtait bien avant la continuation de Nicolas, l'appelle « LIBER INTROITUS YSPANIE SECUNDUM MINOCHIUM. » Il ne serait pas absurde de penser que ce nom de *Minocchio* s'applique à notre Padouan, et a pu être fourni à l'auteur du catalogue par quelque note du manuscrit, aujourd'hui perdu, auquel se rapportait sa description. Quoi qu'il en soit, voici de ce premier auteur quelques vers intéressants que n'a pas relevés M. Léon Gautier, à la suite du passage où il nous fait connaître sa patrie, sans dire son nom :

En croniqe letre[e], qe escrist da sa man
L'arcivesque Trepins, atrovai à Millan
L'estorie et la conquise dou regne castellan
Qe fist le neveu Carles por coroner Audan,
La seror Oliver, q'el plovi soz Vian (f° 214 r°).

Est-ce à dire que la première partie de l'*Entrée de Spagne* aurait été écrite à Milan plutôt qu'à Padoue? C'est encore là un point douteux.

Etant admis que l'œuvre laissée inachevée par le Padouan a été continuée par Nicolas, il s'agit de trouver l'endroit précis, dans le manuscrit XXI, où le texte du second succède à celui du premier. Ce ne sont pas, comme on pourrait le croire, les sept derniers vers du manuscrit qui forment les sept premiers de la continuation de Nicolas. L'expression : « *Ci tourne Nicolais...* » doit être traduite, sinon par « *Nicolas se remet...* » au moins par « *Nicolas se met maintenant...*; » elle indique que le continuateur a pris la parole depuis déjà un certain temps. En effet, le texte de Nicolas commence exactement 131 vers avant la fin du manuscrit, ainsi que je vais le faire voir.

En haut du f° 303ᵃ du manuscrit XXI, se trouve un changement d'écriture que l'on n'a pas signalé jusqu'ici, parce qu'on n'en a pas vu l'importance. Ce changement commence, à la suite d'une laisse de décasyllabes, avec le vers :

Grant piece sunt ensamble ch'i ne porent movoir,

et le dernier vers de la laisse précédente est celui-ci :

En plure[re]nt environ tuit François.

Les changements d'écriture sont fréquents dans notre manuscrit, ainsi que l'a remarqué M. Léon Gautier. Le plus souvent ils se produisent au passage d'un cahier à l'autre : c'est là un fait qui s'observe dans la plupart des manuscrits volumineux, dont les cahiers étaient distribués, comme on sait, entre différents scribes, de façon à ce que l'exécution en fût plus rapide. Il arrive même quelquefois qu'au milieu d'une page, et sans qu'on en voie la raison, un scribe cède la place à un autre. Il n'y a donc souvent aucune conclusion à tirer d'un changement d'écriture. Tel n'est pas le cas au f° 303ᵃ. Un examen attentif montre que la main qui a écrit les 131 derniers vers est *sensiblement postérieure* à toutes celles qui ont collaboré à l'exécution du reste du volume, et l'on peut en conclure en toute sûreté que le manuscrit se terminait primitivement avec le vers :

En plur[er]ent environ tuit François.

L'addition semble avoir été faite non par un scribe ordinaire, mais plutôt par un possesseur du manuscrit qui a sans doute mis à profit les deux feuillets blancs de la fin pour raccorder le volume avec la suite contenue dans quelque autre manuscrit de sa bibliothèque qui ne nous est pas parvenu. L'écriture est plus personnelle que ne l'est généralement celle des scribes; la correction du texte est plus grande, et l'auteur de l'addition n'a pas songé à se conformer aux dispositions matérielles très régulièrement observées dans le reste du manuscrit : tandis que toutes les pages précédentes ont 32 lignes, la page 303 v° n'en a pas moins de 51.

Enfin l'inventaire des manuscrits de Francesco Gonzaga vient apporter un nouveau témoignage en faveur de l'opinion que je soutiens. Le manuscrit XXI y figure sous le n° 53, et l'explicit « *cha sa uie disponue*, » montre qu'il avait déjà reçu en 1407 l'addition dont nous parlons ; mais le n° 57 : « LIBER INTROITUS YSPANIE, ut supra incipit, et finit *En virum tuti franzosis.* Continet cartas 116, » nous fournit un second exemplaire qui se terminait précisément au même point que le ms. XXI dans son état primitif. Ce ms. 57 devait former un tout par lui-même et non pas être la tête d'un manuscrit complet de l'*Entrée de Spagne* : aucun des manuscrits décrits par l'auteur de l'inventaire ne commençait par le vers :

> Grant piece sunt ensamble ch'i ne porent movoir,

et ne pouvait, par conséquent, faire suite au n° 57.

J'ai épuisé la série des preuves matérielles qui militent en faveur de mon opinion, et on avouera qu'elles sont bien fortes. Je vais aborder maintenant des arguments d'un autre ordre, qui serviront pour ainsi dire de contre-épreuve. Si, en effet, les 131 derniers vers du ms. XXI ont un auteur différent du reste du poème, ils doivent s'en distinguer par la versification ou par le style : c'est ce qu'il est nécessaire de faire voir. Je déclare tout de suite que l'étude de ces vers permet d'affirmer qu'ils ne sont pas du Padouan, mais de l'auteur de la *Prise de Pampelune*, et c'est ainsi que j'arrive à ma seconde proposition. Avant d'en aborder la démonstration, il est nécessaire que je mette ces 131 vers sous les yeux du lecteur.

F° 303ª Grant piece sunt ensamble ch'i ne porent movoir
D'iluec ou il furent, car cescun cort veoir
Le niès ou roi de Françe qui estoit lor espoir ;
E qand l'empereor oit dou parler pooir :
« Bieus niès, feit il, ceste corone d'oir
Qe lonc tens oi(t) tenue, vos la rend sens demoir,
Car veilard sui uymès, ond je vous faiç mien hoir :
Uymès veul repousier ao matin et a[o] soir.

Encoronier vous veul à honour saint Gregoir :
N'i a nul q'in ait envie; cescun a le voloir
Qe soiès coronié, e je mieme por voir.
Hor la preniès [douz] fil. » Ce dit l'empereoir,
E quand Roll[ant] l'entend, as piès li veit ceoir :
« Hey ! sir, feit il, ce [non] peust remanoir,
Ne place Dieu, que veut l'aspre mort boir,
Tant com viviès vous toile vetre honoir,
Ains l'acroistray, s'en avray le pooir. »
Le roi le drece, puès munte ao cival soir.

Le roi drece suen niès pour sa blance man destre,
Muntier li fist sour le bay de Colestre (*sic*),
A destre part le mist, Salamon à senestre.
Le duc li veit contand cum sour païne geste
Il (l) avoit enduré grand paine e grand moleste,
E cum (il com) il combati Pelia le rubeste,
E scontist Maoqidant, qe tant avoit poeste,
E com à Anseïs il mist corone en teste
Dou regne Maoqidant, chand pour luy fist encheste,
E com ao retornier il trova en la foreste
Sanson le saint hermite, qe fu romein ancestre,
E com em brais moruit dou chevalier(s) honeste.
A mot à mot li conte sens parolle silvestre,
Tot si com ao scolier feit licion le mestre :
Li barons vont darier com[e] li clerge ao preste.

L'emperer fu taisant e li barons ausi
Pour oïr eno[n]cier ce qe-ou duc [a] geï.
Le duc li veit contant tot ce qe outre mer fi :
« Sire, ge ne voudroie etre remanu ci
Se de dous tieus regnames deüse etre seisi,
Qand je ai tante giant à nous loi converti
E veü le sepoucre où notre sir geisi,
v° La merci roi soudein q'en cort me recoili
E tant me fist honour qe suen Deu en gerpi ;
Seul[e]mant un suen fil, che il engenoï,
Tant tost com m'oit veü, s'amor en moi meti,
Qe s'il ne fust esté, por veritié vos di,
Je ne croi qe jamès fuse retorné ci,
Car je fui enc(l)usé da un spion maleï ;
Mès le prous damiseus sagemant m'en genci.
Buen chevaliers est d'armes, onque meilor n'en vi ;

10. *Ms.* : secun.
20. Dans une laisse sur la même rime, le Padouan a : « bai de Vincestre. »
22. *Ms.* : paine destre.

Sanson l'apelle l'en ; sire, vïès le ci,
Je le vous recomand, de li plus ne vos di :
Qe il soit proveü selong q'il ha meri. »
Qand l'emperer l'entend, ver Sanson se genci :
« Sanson, Sanson, feit-il, por l'amor de cesti
Uimès vos amerai comant le mien cier fi.
Se vos avès gerpi vos teres e paï,
Doble tant en avrès avant qe soit tiers di. »
Qand Sanson[et] l'entend, dou cival descendi,
De ce q'il li oit dit grand grace li rendi.
Le roi feit arestier Aleman e Franci,
E pois a dit un mot qe trebien fu hoï :
« Seignor, vos savès bien qe l'autre jor mori
Sanson le buen vasal, de Gascogne neï,
As murs de Panpelune qand il se combati.
Hor n'a[i] je restoriés e de ce l'en graï,
Qe por cestu sera le nombre aconpli.
Se Sanson est perdu, Sanson est reverti
Qe de li doce pier(e)s avra ou nombre forni. »
Qand Sansonet l'entand, ver le roi se flati :
« Ay! sir(e), feit il, vos m'avès plus meri
Qe n'eusiès mie se vos m'eusiès baili
Doble tant terre q'en oit le roi Davi,
Qand avrai la compagne de l'ome beneï. »

Le roi feit montier Sanses, por la main l'oit cobré
Puès sunt le petit pas enver l'ost civa[u]cié.
Le roi conte à Rollant com Sanson fu tué
As murs de Panpelune la mirable citié,
Ond sera mout dolant tant q'il sera vengié.
— « Sire, si serai-je, dit Rollant l'avoé,
Mes de cose q'est morte om n'i a recovré
A demenier plus duel, cegne (*sic*) grand folité,
Mes proier por sa arme le roi sacrifié
Ch'en suen saint paradis il l'ait hui aberçé.
E si croi bien qe ja il li soit aporté,
Qand en suen saint honor fu en Spagne tué.
Se Sanson est perdus, Sanson est recobré
Qe n'i est mie pis de cors e de bonté,
(E) si ne croi pas q'il soit le çinçe jor pasé
Q'a plus de IIII[or] mille avront le cief coupé. »

63. *Ms.* : qe de cascogne nei.
64. *Ms.* : le combati.
78. *Ms.* : Ond serai.
79. *Ms.* : Si se serai ie sire.

Tantost come cist mot li l oit dit e finé,
Voit venir le camin tot covert e rasé
F° 304 r° De Frans et d'Alemans, qi à cival chi à pié.
Baordant vont encontre, girlandes ont porté;
Cascun avoit suen heome as espales lacié
Pour doute q'il n'insist Maogeris l'amiré,
E qand l'encontrerent aut(r)emant ont crié :
« Diès! qe bien viegne la flor de crestenté! »
E qand le duc li voit tendremant a ploré
Por la gient q'il veoit, qi menoit tiel pieté,
Car cil est plus joiant qe sol avoit tocé
Ou lu o la coverte dou detrier sejorné.
Neo laserent aler, qand le roi oit crié :
« Or civauciès avant, frans barons onoré,
Trosqement à ma tende, là l'avrons festoié. »
Adonc s'en vont cantant à mout gran alené,
Di[s]ant : « *Hec est dies* qu'avons tant désiré
Quam fecit dominus, il en soit mercïé,
Quand rendu n'a la flor de olité (*sic*) :
Huimès serons tretuit aluminé,
Qe ja qart an somes stiés avoglé. »

En tiel mainere com avès entendue
Se vont François cantant, baordant por la menue (*sic*),
Loant à aute vois l'aute verçue asolue,
Q'il ont la flor dou segle, qe piece i fu tolue,
Q'en terre outremarine avoit esté perdue
A suen santisme honor, e or li est rendue :
« *Venite exultemus!* » cescun Frans breit e hue,
Por la noble engendree qe Deu nos a rendue,
Qe conceï Milon en Bertaine sa drue. »
Ensi s'en vont cantant sens autre retenue
Trosque ao trief Carllon; là ferent desendue
Le niès ao roi de France, Salemon eo conț Hue,
Gondelbuef le Frixon, Sourbuens barbe canue :
Gainelon de Maiance li fist gient receüe.
Ci tourne Nicolais à rimer la complue
De l'Entree de Spagne, qe tant è stee escondue
Par ce ch'elle n'estoit par rime componue
Da cist pont en avant, ond il l'a proveüe
Pour rime, cum celu q'en latin l'a leüe.
Our contons de l'istoire qe doit etre entendue
Da cascun q'en bonté ha sa vie disponue
Avant q'a Roll. soit...

90. *Ms.* : con.

II

La Prise de Pampelune *fait partie intégrante de l'*Entrée de Spagne *et a pour auteur Nicolas.*

Lorsque MM. Gaston Paris et Paul Meyer soutenaient sur l'auteur de la *Prise de Pampelune* des idées si opposées entre elles, ils n'avaient pas à leur disposition le manuscrit XXI, et ils ne connaissaient de l'œuvre du poète padouan que les fragments publiés par M. Léon Gautier. Une étude directe de cette œuvre m'a permis de constater toute la justesse des observations de M. Paul Meyer, et de conclure avec lui et M. Léon Gautier que la *Prise de Pampelune* fait suite à l'*Entrée de Spagne*, mais n'est pas du même auteur.

Les considérations tirées du sujet des deux poèmes mises en avant par M. Gaston Paris ne doivent pas entrer en ligne de compte : elles prouvent que l'auteur du ms. V connaissait minutieusement l'œuvre du ms. XXI et s'est attaché à la continuer; mais elles ne peuvent suffire à établir que l'auteur des deux manuscrits fût une seule et même personne. Dans l'étude de la langue, M. Gaston Paris a donné trop d'importance à certains faits généraux communs aux deux manuscrits, par exemple l'accentuation de la désinence *ent* des troisièmes pers. plur. des verbes. Il faut bien admettre que deux auteurs italiens écrivant à peu de distance de temps et de lieu, dans la vallée du Pô, une langue qui n'est pas leur langue natale, doivent faire l'un et l'autre beaucoup de solécismes, et que beaucoup de ces solécismes leur seront communs à tous les deux. Tel est le cas pour l'accentuation de *ent* et un certain nombre d'autres faits linguistiques. Il est d'ailleurs incontestable que les formes qui s'éloignent ainsi du français de France et qui se trouvent dans les deux manuscrits sont beaucoup plus fréquentes dans le ms. V. A ce point de vue là, comme au point de vue du vocabulaire, la remarque de M. Paul Meyer est excessivement juste : « on peut dire d'une manière générale que la *Prise de Pampelune* est plus italienne que le poème contenu dans le ms. XXI : c'est un fait qui frappe quiconque lira une page de chacun de ces textes. » Il résulte cependant de la communauté de certains faits aux deux textes, bien qu'avec un degré de fréquence différent, qu'en présence d'un fragment de 131 vers seulement, plusieurs des observations de M. Paul Meyer ne peuvent guère nous être utiles. Prenons par exemple l'élision, dans les cas où le français proprement dit ne l'admettrait pas. M. Paul Meyer dit : « Comparée à la *Prise de Pampelune*, l'*Entrée en Espagne* en use d'une façon très reservée. » Cette remarque est exacte ; mais il n'en est pas moins vrai que dans l'*Entrée de Spagne* on pourrait trouver — à l'état plus ou moins exceptionnel — des exemples de presque tous les cas qui abondent dans la *Prise de Pampelune*. Qu'on en juge par des vers comme les suivants :

Richement fu armé, si avoit une sorveste
Trestote ad or batue *a* enseigne de sa geste (ms. XXI, f° 97ᵃ).
Oliver *fu* en la ville entrez tot primeran (190ᵃ).

Onques meis damoisele ne *fu au* tiel convoitise (ms. conotise)
De servir son amant, quant amor la justise (185ᵇ).

De pieté *et* joie fu grand le ploreïs (299ᵃ).

De pietié *e* joie le cor oit si destroit (302ᵃ).

Il n'y a donc aucune conclusion à tirer de l'exemple que nous trouvons au v. 28 :

E com ao retornier il trov*a* en la foreste (1).

Nous avons, entre la première et la seconde laisse (v. 18-19), un exemple de la *cobla capfinida*, dont M. Paul Meyer a relevé la fréquence dans la *Prise de Pampelune* ; mais s'il n'y en avait pas trace dans les fragments publiés par M. Léon Gautier, le cas n'est plus le même quand on étudie le ms. XXI lui-même. Sans

(1) Plus concluantes sont les élisions à l'intérieur des mots (voy. Mussafia, *l. l.*), dont nous trouvons deux exemples : v. 126, *stee* dont les deux *e* ne comptent que pour une syllabe, et vont même jusqu'à se fondre avec celui de *escondue*, à moins qu'on ne lise *scondue*, et v. 131, *vie*.

y être aussi fréquent que dans le ms. V, l'usage de la *cobla capfinida* apparaît de temps en temps :

> Salamons remonta et delivrez fu Gaine.
> Salamons est montez q'oit grant paor ahuc... (171 v°).

> Garda sor destre e vit l'enperaor.
> Le duc regarde, voit li rois che venoit... (301 v°).

> S'engenola, si com[e] fer devoit,
> Davant celu che plus de cor amoit
> D'ome del secle, e merci li cr[i]oit.
> Davant son oncle le fil de la marchise
> S'engenola e merci oit requisse... (302ᵃ).

Ces observations nous obligent donc à nous limiter à un petit nombre de faits dans l'examen de notre fragment, et parmi les arguments qui nous font le rattacher à la *Prise de Pampelune*, nous n'invoquerons que les suivants, comme absolument irréfutables (1) :

1° La graphie;

2° L'élision et la vocalisation de l'article;

3° L'emploi du mot *ond*.

1° *Graphie*. Le lecteur aura déjà remarqué que les traits purement graphiques de la *Prise de Pampelune*, traits qui sont bien connus, se retrouvent dans nos 131 vers ; comme le ms. V, notre fragment offre des formes telles que *ao*, *Maoçeris*, *heome*, etc., formes inconnues à tous les autres copistes qui ont collaboré au ms. XXI. Ce n'est pas là un fait insignifiant, surtout si l'on remarque que la main qui a écrit nos 131 vers ne peut être identifiée avec aucune de celles qui ont écrit le ms. V. Ce manuscrit est en effet, comme le ms. XXI, l'œuvre de plusieurs copistes. Une pareille constance dans la graphie n'en est que plus frappante, et doit faire supposer un original commun, probablement l'autographe de l'auteur. Si donc la même orthographe n'apparaît pas dans le ms. XXI, c'est que ce manuscrit a un original différent, et par suite un auteur différent, et si nous la trouvons dans notre fragment, c'est que ce fragment, étranger au ms. XXI dans son état primitif, est indissolublement lié au ms. V.

(1) On peut également invoquer l'enjambement du v. 129 comme tout à fait dans le goût de la *Prise de Pampelune*.

2° *Elision et vocalisation de l'article.* Ce trait du ms. V a justement été relevé par M. Paul Meyer comme inconnu au ms. XXI, où je ne l'ai jamais remarqué, sauf peut-être dans *el*, quelquefois *eu*, pour *el le*. On peut affirmer que le Padouan n'aurait pas écrit les vers de notre fragment, où nous en trouvons ces deux exemples remarquables :

> Pour oïr eno[n]cier ce *qe-ou* duc [a] geï (35)

et

> Qe de li doçe pers *aura-ou* nombre forni (68).

Ce sont là des cas à mettre à côté de *Car Zarlle ou fil Pepin* et *Bien coneï-ou mesclin* du ms. V (Voy. Mussafia, p. XI-XII).

3° *Emploi du mot* OND. M. Paul Meyer a relevé dans la *Prise de Pampelune* une particularité de vocabulaire, bien insignifiante en apparence, qui a pour nous la plus grande importance. Il a remarqué que dans le ms. V on trouve fréquemment la particule *ond*, étrangère au français proprement dit, avec le sens de « aussi, c'est pourquoi, » et que, dans les 900 vers du ms. XXI publiés par M. Gautier, il ne l'avait pas rencontrée une seule fois. On va juger de l'exactitude et de l'importance de cette remarque. J'ai pris soin de relever dans le ms. V, — c'est-à-dire dans l'édition de M. Mussafia, — tous les exemples de la particule en question. Sur un total de 6113 vers, il y en a, sauf oubli, *deux cents* où elle figure, c'est-à-dire qu'on la rencontre en moyenne *tous les trente vers.* Le plus long passage que j'aie pu lire sans en trouver d'exemple s'étend du vers 3168 au vers 3377, et compte, par conséquent, 209 vers. Or, d'autre part, je crois pouvoir dire que dans les 15,600 vers du ms. XXI *il n'y en a pas un seul exemple.* Le lecteur aura peut-être quelque défiance de ce dernier résultat, à cause même de son caractère absolu, et j'avoue que, dans un dépouillement aussi long, il est fort possible que mon attention ait été plus d'une fois en défaut. Je ferai donc remarquer que M. Léon Gautier a publié 900 vers du ms. XXI, et j'ajouterai que j'en ai moi-même copié environ 1600, dont 482 d'une seule teneur : or, sur ce total de 2500 vers, je puis affirmer de la façon la plus absolue que le poète de Padoue n'a pas employé une seule fois la particule *ond.*

Au contraire, dans les 131 vers de Nicolas qui terminent le ms. XXI, cette particule se rencontre *trois fois* (v. 7, 78 et 128).

Il est inutile d'insister sur la valeur de cet argument. Je crois avoir démontré que les 131 vers de Nicolas ne sont pas du Padouan, mais de l'auteur de la *Prise de Pampelune*, et que par conséquent la *Prise de Pampelune* est bien l'œuvre du continuateur du ms. XXI.

Il me reste à dire un mot de deux petits faits que l'on pourrait m'objecter.

M. Paul Meyer a remarqué que l'auteur du ms. XXI était beaucoup plus pieux que son continuateur, et se plaisait à faire des citations latines auxquelles on ne trouvait pas d'analogues dans le ms. V. Or, notre fragment de 131 vers contient deux citations latines : *Hec est dies quam fecit dominus* (v. 106-7) et *Venite exultemus* (v. 117). Il ne faut pas se hâter de tirer de ce fait des conséquences qu'il ne saurait avoir ; il a une explication bien naturelle. Quand un auteur se décide à continuer une œuvre d'aussi longue haleine que celle de notre Padouan, il doit y être préparé par une longue étude, qui a pour résultat de le faire s'assimiler aussi complètement que possible l'esprit comme le sujet de cette œuvre ; il est bien difficile qu'en prenant la plume pour la première fois, il soit en possession complète de sa propre personnalité, si même il ne s'étudie pas à imiter de propos délibéré la manière de l'auteur qu'il continue. Ce n'est que peu à peu, et quand il a tout à fait perdu de vue son prédécesseur, qu'il arrive à se créer une manière à lui. Si j'avertis le lecteur que, dans ses 250 derniers vers, le poète padouan venait d'étaler jusqu'à trois citations latines (f°s 298^b, 299^b et 301^b), il comprendra quel sentiment a poussé son continuateur à ne pas rester en arrière à ce point de vue (1).

Je n'ai pas fait remarquer encore la versification du fragment de Nicolas. Dès le premier vers, nous voyons des alexandrins succéder aux décasyllabes du Padouan : or, on sait que la *Prise de Pampelune* est tout entière en alexandrins, tandis que nos 15,000 premiers vers ont tantôt dix, tantôt douze syllabes. Si je n'ai pas fait usage de cet argument, c'est qu'il a un point faible ; il se trouve, en effet, que parmi ces 131 vers, — sans compter les quelques vers irréguliers qu'il est facile de corriger — nous en avons 15 de dix syllabes (v. 5, 14, 15, 16, 17, 18, 20, 70, 71, 72, 97, 108, 109, 110, 111). Assurément il serait facile de les ramener à la même mesure que les autres, et de n'y voir que des

(1) Il y a, d'ailleurs, dans la *Passion*, deux citations latines au moins (v. 162 et 164), ce qui prouve que, même abandonné à lui-même, Nicolas n'en était pas ennemi.

fautes de scribe : mais j'avoue que j'ai beaucoup de scrupules sur la légitimité de ce procédé ; car nulle part le sens ne paraît souffrir de cette différence du mètre, et il serait bien surprenant, pour les vers 14-18, par exemple, que le copiste eût fait cinq fois de suite la même faute, en passant juste deux syllabes à chaque vers. J'incline donc à faire remonter cette irrégularité à Nicolas lui-même, et j'y vois, comme plus haut, une influence du premier auteur sur le second. Qu'on explique d'ailleurs le fait comme on voudra, je ne crois pas que le fond de ma thèse puisse en être le moins du monde ébranlé.

III

L'auteur de la seconde partie de l'Entrée de Spagne *est* Nicolas de Vérone.

Nous n'avons aucun document assuré, en dehors du ms. XXI, sur le premier auteur de l'*Entrée de Spagne*, et, en supposant qu'il s'appelait Minocchio de Padoue, nous avons fait remarquer que sa patrie seule était absolument hors de doute. Il n'en est pas de même pour son continuateur : si le ms. XXI ne nous donne que son nom, il est facile de lui restituer sa patrie à l'aide d'autres monuments.

Parmi les Italiens qui ont écrit en français au moyen âge, l'histoire littéraire ne connaît que deux Nicolas : Nicolas de Vérone, auteur de la *Passion*, et Nicolas de Casola, de Bologne, auteur d'*Attila*. Avant d'augmenter cette liste d'un troisième nom, il est indispensable d'examiner si notre Nicolas ne doit pas être identifié avec l'un de ses deux homonymes.

Le poème de Nicolas de Casola (1), composé en 1358, à la plus grande gloire de la famille d'Este, ne nous est pas parvenu dans toute sa volumineuse étendue, car des trois volumes qui le contenaient, les deux premiers seulement se conservent aujourd'hui à la bibliothèque de Modène. Bien que l'œuvre soit inédite dans son ensemble, les quelques fragments qui ont vu le jour çà et là suffisent pour donner une idée de la langue et de la versification de l'auteur. M. Adolfo Bartoli notamment en a inséré les trois premières laisses, comprennent 105 vers, dans la savante préface de son édition des voyages de Marco Polo (2); il suffit de

(1) Voy. D'Ancona, *Studj di critica e storia letteraria* (Bologna, 1880), p. 455 et suiv.

(2) *I Viaggi di Marco Polo* (Firenze, 1863), p. LXIX-LXXII.

les lire attentivement pour se convaincre qu'*Attila* ne saurait avoir le même auteur que la *Prise de Pampelune*. Si ce dernier poème est sensiblement plus italien que celui du Padouan, celui du Bolognais à son tour le dépasse de beaucoup en barbarismes et en solécismes, et la langue dans laquelle il est écrit est encore bien plus éloignée du français de France. Sans m'attarder à une longue démonstration, je me contenterai d'indiquer un argument décisif, emprunté à la versification. Des trois laisses publiées par M. Bartoli, la dernière, contenant 23 vers, est en *ais*; les mots que l'auteur y fait entrer, et auxquels il impose uniformément cette terminaison, ont les origines les plus diverses et, sous leur forme vraiment française, ils n'auraient jamais pu être ainsi accouplés. Qu'on en juge par les premières rimes : *verais* (fém., forme française : *veraie*), *plais* (pour *plait*) *cantais* (= *chanta*, 3e p. sing.); *mostrerais* (futur 1e p.), *scielais* (?), *maurais*, *injendrais* (= *engendra*), *fais*, *bais* (*bas*), *Satenais* (= Satanas), etc. Il faut noter surtout l'introduction, dans ces rimes, des 3es pers. en *a*, fait qui dénote une corruption de la langue poussée à l'extrême limite. Si au contraire nous étudions les rimes analogues de la *Prise de Pampelune*, nous voyons qu'il en est tout autrement; l'auteur distingue soigneusement les laisses en *a* (v. 309-338, 1020-1051, 2545-2570, 3335-3364, 4331-4362, 4498-4532, 5475-5511) des laisses en *ais* (v. 365-388 et 3669-3782); ces dernières renferment des mots qui, en français proprement dit, rimeraient en *ais* ou en *as*, mais jamais en *a*; dans les premières, au contraire, ne figurent que des 3es p. en *a* et les particules *ça*, *ja* et *la*.

Le Nicolas auteur de la seconde partie de l'*Entrée de Spagne* ne peut donc pas être Nicolas de Casola, auteur du poème d'*Attila*.

Le poème de la *Passion*, de Nicolas de Vérone, est contenu dans un manuscrit unique provenant de la bibliothèque Gonzaga (no 8 de l'inventaire publié par la *Romania*), manuscrit qui a figuré en 1879 dans le catalogue de la vente Rouard, et qui doit être aujourd'hui dans quelque collection particulière. Ce manuscrit a été signalé pour la première fois, en 1838, par Gazzera (1) qui l'avait vu dans la bibliothèque de M. Rouard, conservateur de la Méjanes d'Aix; le plus long fragment connu (27 vers) est celui qui a été publié récemment par la *Romania*, à propos de

(1) *Notizie intorno ai codici mss. di cose italiane conservati nelle pubbliche bibl. del mezzodì della Francia.* Torino, 1838.

l'article 8 de l'inventaire Gonzaga. Les deux premiers vers :

> Seignour, je vous ay ja pour vers e pour sentançe
> Contié maintes istoires en la lengue de France,

Ces deux vers, dis-je, ont été souvent cités (1), comme une preuve, entre tant d'autres, de la diffusion du français en Italie. M. Léon Gautier n'a connu notre poème de la *Passion* que par le catalogue Rouard : ce n'est donc que dans la seconde édition de ses *Epopées françaises* qu'il a pu le signaler (2). Il a fort bien vu et il a fait remarquer la ressemblance du style de la *Passion* — autant qu'on pouvait en juger par les seuls vers connus, — avec le style de la *Prise de Pampelune* et des derniers vers du ms. XXI.

Cette judicieuse constatation ne pouvait conduire à rien, tant que la critique n'était pas sortie du labyrinthe où M. Léon Gautier l'avait enfermée, sans le vouloir, avec son Nicolas de Padoue. Il en est autrement maintenant, et le lecteur devine tout de suite que l'identification du Nicolas qui se nomme dans notre ms. XXI avec Nicolas de Vérone doit être admise et proclamée hautement. La démonstration sera facile. Les deux vers cités précédemment ont bien leur importance ; mais il est clair qu'ils ne suffisent pas à prouver que, parmi ces histoires que Nicolas de Vérone avait déjà racontées à son public italien, figurât la *Prise de Pampelune* ; mais si ce fait peut être rendu évident, ou même simplement probable, par des raisons d'un autre genre, les deux vers en question viendront y ajouter un élément chronologique important. La vraie démonstration réside dans la comparaison de la *Passion* et de la *Prise de Pampelune*. J'ai dit qu'une vingtaine de vers seulement du premier poème avaient été publiés; M. Paul Meyer ayant bien voulu m'abandonner une copie plus étendue qu'il en avait prise, je puis en mettre 195 sous les yeux du lecteur, circonstance d'autant plus précieuse que le manuscrit a disparu plus ou moins complètement du domaine public :

> F° 1a Seignour, je vous ay ja pour vers e pour sentançe
> Contié maintes istoires en la lengue de Françe;
> Or m'est venu dou tout en cuer e en remembrançe
> De teisir toutes çouses pour fer vous remonstrançe
> De la grand passion che porta en paciançe

(1) Notamment *Hist. litt.*, XXIV, 546, d'où G. Paris, *H. p. de Charlemagne*, p. 164.

(2) Tome III, p. 405 et 457.

Jesu le fil de Dieu par notre delivrançe,
Ond je vous veul proier por l'autisme puisançe
Che vous tous (es) escoutiès en peis e en silançe;
Char je ne vous diray nule çouse d'enfançe,
Ains vous diray de cil che, pour la pietançe
De nous, soufry à morir à aspre penetançe;
Et je le pri de cuer, cum cil ch'est ma sperançe,
Ch'il me doint tant de graçe, de sen e de sciançe
Che je die ceste çouse par tele (1) destinançe
Che Dieu (2) de cors e d'arme m'en rende profitance;
E vous che l'oïriès en peis sens discourdançe
En la fin Dieu vous main en sa digne habitançe
Et, s'il vous pleit, prïès la santisme sustançe
Pour celu Nicholais ch'a rimé par certançe
Ceste sanctisme çouse, qar bien (3) de l'arme avance
Cil che pour autrui prie à droite consciançe,
1b Car prier por soi seul n'est buene costumance.

Or escoutiès en peis, car escoutier se doit
Ceste grand pasion che le sir beneoit
Sofri pour nous hostier de l'enfernal destroit.
A cil tens qe Yesus à cestu mond estoit
E la doctrine sainte à la giant prediçoit,
La vertu e la sciançe e le sens q'il avoit
E les buenes paroules che à la giant il disoit
E les tres grans mervoilles che tutor il fesoit,
Mout grand giant dou païs à lu se convertoit
E ceschun de celour fermemant se afermoit
Che la grand sapïence de lu si demotroit
Che de Dieu voir prophete estoit, con lour sembloit,
E sa grand renomance tant fortment publicoit
Che seul par grand envie, non por autre convoit,
Li princes des Juïs, fariseis, sacerdoit
Estoient contre lu felons e faus sens droit.
Après la grand envie che ceschun d'eus portoit
A Yesus, e il fist susciter sens resploit
Le frer la Madelaine che en moniment gisoit,
Ond la prexe e la turbe che avec Yhesus aloit
2a Se davant creoient à ce q'il paleçoit,
Chescuns plus che devant as siens saint discreoit,
Ond ceus pontifices e princes lor en droit

(1) *Ms.* : uele.
(2) *Ms.* : bien.
(3) *Ms.* : dieu.

Sacerdous, escrivens, ceschun grand ire en oit.
Adon firent entre eus un consil, e parloit
L'un d'eus encontre l'autre, coman se destrueroit
Yesu le fil de Dieu. Lour s'en dreça un tot droit
E dist : « Esgardons ce che meilour à nous soit ;
Cist hon feit tiel mervoiles e signes, quand li ploit,
Che pour siens grand engins toute giant decevroit
Se nous les leisons gueires ; ensi tost seduroit
La giant, ond notre loy dou tout mal conduroit. »
  Après ce che cist oit suen dit ensi conté,
Un autre se dreça che Chayfas fu nomé
E dist : « Signor, savés ce che vous fer devé ?
Il est mestier ch'il soit entre nous esgardé
Comant un pour le pople soit à la mort livré
A ce che toute giant ne pere, ond ay pensié
Che pour le mieus de nous cist doit estre tué. »
2b Asès avoit Chaifas entr'eux profetiçé
Mès nul ne l'entendi, car quand avoit parlé
Tournoit desous celu che tous nous a saovié.
Ensi s'afermerent e ensi fu ordené
De metre à mort celu che meis n'avoit pecé.
Yesu che ce savoit par ferme verité,
Cum cil à cui ne puet estre noiant seré,
Savoit bien ch'il estoit à morir condamné
Dedens Yerusalem da ceus faus maleuré ;
Mès à ce qu'il ne fust ancour da lour trové
En le desert se mist voisin à une cité
Ch'estoit nomee Efrem e ou soi oit mené
Siens disciples, e ensi fu notre sir celé
Toute cele semaine e das Juis eslonçé.
Puès, pour voloir nous armes tornier à saoveté,
Le samedi avant de l'olive, sacié
Ch'il isci dou desert e se fu demotré
Entre lu e siens disciples, puès fu en l'ostel entré
3a De Simon le lebrous, et iluech fu arivé
Laçar e ses serours e la fu apresté
Le mangier de la çaine cum à Yesu fu à gré.

  Ensi supant Yesu dedens l'ostel Simon
Marie Madelaine cum grand devocion
Un unguent precious, che fu santisme e bon,
Espandi sour le cief à nostre sir Yeson,
Ond che tretout fu ont dau chief jusque hou talon.
De ce à murmurier pris Judas le felon,
Di[s]ant : « Par quoy est feit de ce perdicion
Che bien troi cent diniers valoit sens doteison

Ond trente m'en venoit, se je say fer reison,
Car la disisme part m'en venoit sens tençon?
Mès je en acevray si bien or à cist pon
Che je ne en recoivray daomage d'un boton. »
E sens Judas furent en grand destourbeson
Maint des autres disciples par l'onguent ond parlon
E disoient entre eus : « E pour qiele ocheison
Est cist onguement spaint, che ja preu n'en avron?
Mieus seroit che doné fust as pobres cist don. »
Yesu qe bien veoit la lour murmureson
Dist lour : « Que vous pertient à fer reprension
De ce qe ceste a feit à buene entencion?
La buene ovre sour mey ovra de cuer parfon.
En veritié vous di, e entendès cist sermon,
Che li pobres avrès à servir grand seison,
Mès moy ne avrès long tens, de ce aiès menbreson. »
Judas pensoit tutor à fer la venjeson
De l'onguement ch'estoit espandu à tiel foison
Et disoit entre soy coiemant, le lairon :
« Je me vençeray bien à curt tenps de cist hon,
Car li Juïs l'ont mout en grand suspicion ;
Je le lour traïrai, e ne saura pas con,
E puès n'avray grand sogne s'il sera mort ou non,
Par che je aie l'avoir ch'estoit ma garison. »

Ce fu le samedi che desour vous ay dit.
La domençe sivant Jhesu sens plus respit
Se parti de Betaine e sens nul contredit
Ver Jerusalem prist le cemin plus eslit.
Cist feit fu conté avant aou pople en lor habit :
« Yesu vient che as non sains a feit tant buen profit! »
Lour pristrent raims d'olive e d'autres con delit,
Ver lui aloient cantant : « Osanna, fil Davit,
4a Che en cist mond eis entré, tuen nom soit benedit! »
Lour fu plus honoré notre sir Jhesu Crit
Ch'il fust meis en cist siegle, cum nos trovons escrit.
Puis le lun eou martdi Jhesu de cuer perfit
Aloit mout doctrinant ceschun grand e petit
E predicant ses çouses cum santisme entelit,
Ond ceus ne l'avoient de noiant en despit
Che voloient entendre ses diz de cuer contrit.

Dedens Yerusalem, selong qe je vous di,
Predicoit notre sire à cil pople juï ;
Entre lequiel paroules cist sermon proferi :
« Huimès ne me voiriès vous plus jusque(s) à cil di

Che vous beneïrès qi (*ms.* qe) en le nom Dieu vint ci.
Ou vous sui je aou presant, mès je bien vous afi
Che de ci à petit terme sens moy serès ausi. »
Et ce disoit Yesus pour ch'il savoit de fi
Ch'il devoit das Juïs etre mort e traï.
E ceus distrent : « Cestu s'en veut fuir en secri. »
Le mercredi sivant princes e farisi
Orent de ceste chouse un grand consil basti
E disoient entr'eus, li felons Deu nemi :
« Yesu s'en vieut fuïr selong q'il a geï,
Ce n'est seno par ce che auchun li descovri
Che nous le volions fer morir. Or feisons si
Che ce che fer devons soit à cort tens conpli.
Mès mout acortemant soit cist feit establi,
Non pas en jour de feste, ch'il n'en fust estormi
Le pople, car grand part en a [à] lui coverti. »
b) Atant ee vos Judas de mal pensier garni
Si cum cellu ch'estoit daou diable seisi ;
Il vint entre ceus faus e puès lour dist ensi :
« Que me voliès doner se sens noise ne cri
Je le traï à vous ? » E un d'eus respondi
Por lo voloir des autres e si li proferi
Trent(e) diners, e Judas maintinant lour plevi
De traïr cil Jhesu qe mais n'avoit failli.
Ensi tray Judas Jhesus le fil Marie
Que meis n'avoit pecié à tout jour de sa vie.
E sour cist feit avoit davant dit Yeremie :
« *Tradidit me quem diligebam* sens envie. »
Ancor avoit Davit dit en sa profecie :
« *Traditus sum et non egrediebar* mie. »
Ce fu-ou mercre che Judas fist la grand traitorie.
Le jovedi sivant, se dir ne doy bosdie,
Li disciples distrent à Jhesu : « En quiel partie
T'apareill[er]ons nous ou tu e ta conpegnie
5a Puises à ceste pasce mancer sens estormie ? »
Lour appella Jhesus cum une ciere pie
Des siens disciples dous e dist sens gaberie :
« Alès par ceste voye qe à la citié l'en guie
E troverès un home par ceste voie antie
Portant un vaisel d'eve, e en la maison ou il plie
Vous entrerès o luy, et ceschun de vous die
Aou seignour ch'est la dens che un lieu ceste fie
Il vous doie motrier, ou je e ma druerie
Puisons mangier ensanble ceste pasce nomie,
E cil vous motrera, sens nulle tricerie,
Un cenacle, e iluec soit ma çaine garnie

E apresté pour la pasce. » Et ceus sens felonie
Alerent, et oront trové toute averie
La parolle Jhesus, e la fu apareillie
La çaine de la pasce e à lour sen establie.

Fin :

Seignour, vous che avès oïe e entendue
La pacion de Dieu che vous est menteüe,
Damnideu vous en rande merit e grand aiue
E mand peis entre vous e confonde e destrue
La gere e la discorde, e en la fin vous condue
En suen saint paradis de la gloire asolue.
Jusquement à cist pont ceste çouse a esponue
Nicolais Veronois e pour rime estendue;
Mès de cist feit n'est plus de luy rime veüe,
Pour ce plus non dirai fors che a la departue
Jhesu vous beneïe che en bien fer nous argüe.
Amen.

Il est impossible de méconnaître dans les vers qui précèdent la manière du second auteur de l'*Entrée de Spagne* : tous les faits signalés par MM. Mussafia et Paul Meyer comme caractéristiques de la *Prise de Pampelune* s'y retrouvent fidèlement.

Je note en premier lieu la graphie *ao*, dont j'ai fait remarquer plus haut l'importance : *saovié* (v. 65), *saoveté* (v. 76), *daomage* (v. 94). De là dérivent, sous l'influence d'un copiste postérieur, les formes *aou* (v. 119, 130, 176) et *daou* (v. 152).

Nous avons deux exemples remarquables de l'élision de l'article avec vocalisation : *e-ou* (v. 126) et *Ce fu-ou mercre* (v. 165).

Enfin la particule *ond* y apparaît avec autant de régularité que dans la *Prise de Pampelune* : vers 7, 42, 45, 54, 60, 87, 91, 96, 129.

Il est presque inutile après cela de faire remarquer la fréquence des élisions à l'italienne (vers 3, 5, 11, 28, 49, 65, 72, 74, 79, (deux ex. dans un seul vers), 80, 82, 104, 108, 119, 122, 135, 137, 150, 167, 174, (2 ex.), 181, 183, 184, 189, 191), un cas d'élision intérieure (vers 14), l'usage de la *cobla capfinida* (vers 158-159) et de l'enjambement (vers 11, 40, 54, 74, 150, 157, 180, 182).

Je ne crois pas que désormais on puisse mettre en doute que c'est bien Nicolas de Vérone qui a continué l'*Entrée de Spagne*, laissée inachevée par le poète padouan, qui en avait tracé le cadre et composé les 15,000 premiers vers; que cette seconde partie de l'*Entrée de Spagne* est antérieure à la *Passion*, et que, d'après l'hémistiche

Qi tant è stée escondue,

il a du s'écouler plusieurs années depuis le moment où le Padouan a quitté la plume jusqu'à celui où Nicolas de Vérone l'a reprise.

N'est-il pas piquant de trouver ainsi, à l'origine de la littérature chevaleresque en Italie, le même épisode qui devait se reproduire deux siècles plus tard : Nicolas de Vérone continuant le Padouan, comme Lodovico Ariosto devait continuer le comte de Scandiano, Matteo Bojardo (1)?

(1) Signalons, pour être juste, quelques mots de Paulin Paris, qui montrent que ce savant éminent, dont l'érudition française déplore la perte récente, avait eu comme une intuition de la vérité : « Nicolas de Padoue avait été pris de lassitude au milieu de son travail ;.. la chanson (c'est-à-dire l'œuvre contenue dans le ms. V), suivant toutes les apparences, commençait au point où Nicolas de Padoue avait laissé l'*Entrée en Espagne*... » *Hist litt.*, XXVI, p. 361.

ADDENDA

Je réunis sous ce titre quelques observations détachées, qui feront mieux connaître différentes particularités de l'*Entrée de Spagne* et du ms. XXI.

I. — *Nombre des vers du ms. XXI.*

M. Léon Gautier a évalué ce nombre à 20,000; c'est là une évaluation un peu exagérée. J'ai copié le premier vers de toutes les laisses en notant le nombre de vers de chacune d'elles : j'arrive ainsi à un total exact de 15,751 vers. Tel est, sauf erreur, le contenu du ms. XXI, sans tenir compte, bien entendu, des lacunes qu'il présente.

II. — *Lacunes du ms. XXI.*

Le manuscrit est régulièrement (1) composé de cahiers de huit feuillets avec une réclame au verso du huitième. Il est facile d'après cela de se rendre compte qu'il a perdu un feuillet entre ceux qui sont numérotés 41 et 42 et un autre entre 81 et 82.

(1) Voici les seules irrégularités qu'offre le manuscrit à ce point de vue : les feuillets 158-162 constituent un cahier de quatre feuillets seulement, disposition rendue nécessaire pour ne pas couper en deux la grande miniature des folios 160 v° et 161 r° (le manuscrit est ouvert à cet endroit pour figurer dans la vitrine de la bibliothèque de Saint-Marc); un autre cahier, de quatre feuillets, dont le quatrième a été coupé intentionnellement, forme les folios 219-221; 294 est un folio isolé, et les deux derniers feuillets (303 et 304) ont été ajoutés à la suite d'un cahier de huit feuillets.

Au f° 98 v° le scribe a passé par distraction du milieu d'une laisse en *ist* au milieu d'une laisse en *eus*, ce qui fait une lacune pour le sens. Une main ancienne a écrit en marge : *Hic deficit.*

J'arrive à la grande lacune soupçonnée, plutôt que signalée, par M. Léon Gautier. M. Gaston Paris s'était parfaitement rendu compte, en étudiant les rubriques de la *Spagna*, que cette lacune, que M. Gautier avait crue seulement de quelques tirades, devait être beaucoup plus considérable. En effet, elle s'ouvre au bas du f° 269 v° avec le vers

Après fait aporter à cescun son grahaus,

qui est le huitième d'une laisse en *aus*; ce feuillet est le dernier d'un cahier, et, bien que le bas ait été fortement rogné, on distingue la partie supérieure de la réclame, qui semble bien être : *A cescuns*. Or, le f° 270 commence avec le vers : « La nuei sont à deport li dui pareil jeü; » et le nouveau cahier est complet; la lacune est donc au minimum d'un cahier de huit feuillets.

L'inventaire de Francesco Gonzaga assigne au ms. XXI 308 feuillets; dans son état actuel, il en a 304; en y ajoutant les deux feuillets enlevés dont j'ai parlé, nous arrivons à 306. Il est impossible que la différence de 2 feuillets provienne de notre grande lacune, on vient de voir pourquoi; il est probable que l'auteur de l'inventaire a compté deux feuillets de garde qui auront disparu depuis; peut-être même s'est-il simplement trompé de 2 feuillets. En tout cas, il est certain que la lacune entre les feuillets 269 et 270 existait déjà en 1407 : elle doit remonter au moment même où le manuscrit a été constitué par la réunion des cahiers qui devaient y entrer. Le cahier qui manque aujourd'hui et qui devait être le 36e aura été oublié par le libraire chargé de l'assemblage et du reliage du volume. Comme on n'avait pas pris la précaution de numéroter les cahiers, il est impossible de savoir matériellement s'il en manque plus d'un.

Au point de vue du récit, la lacune est considérable. Pendant que Malquidant quitte La Mecque pour aller dans son royaume préparer la guerre et la vengeance de son neveu Pelias, Roland est comme on sait, nommé bailli par le Soudan (1). Il fait une visite générale du royaume de Perse, en compagnie de

(1) Le Soudan s'appelle Daire, et est descendant de son homonyme, vaincu par Alexandre le Grand.

Sansonnet, pour réformer les abus et se rendre compte des forces dont il pourra disposer contre Malquidant. A son retour à La Mecque, il introduit les bonnes manières à la cour et à la table du Soudan : c'est à cette réforme que sont consacrés les derniers vers du f° 269 v°. Quelques-uns méritent d'être cités pour montrer quelle singulière idée on commençait à se faire en Italie du rôle civilisateur de Roland :

Le jor fist le niès Karle cescun barons goster
Tot sols an un vaisel, entre dos un plater,
Que bien savons de voir que d'illuec in arer
Souloient sis et set insanble pasturer :
Ancor le funt ausi main Tiois (*ms.* nois) montener...

Avec le premier vers du feuillet suivant nous tombons au milieu de la nuit de noces d'Anseïs, personnage dont nous n'avons pas entendu parler, et que nous trouvons roi de Syrie et de Jérusalem et mari de Dionès. Nous sommes, en effet, à Jérusalem, dont Marcel est patriarche, en compagnie du Soudan et de son fils, de Roland, de Hugues de Blois (1) et du convers Aquilant, ces deux derniers personnages nouveaux pour nous de même qu'Anseïs. Voici les premiers vers du f° 270 r° qui permettront de se faire une idée de la situation :

La nuci sont à deport li dui pareil jeü ;
Tost furent d'un amor ensa[n]ble revestu :
Cescuns autre desir qu'il eusent ehu,
L'uns (2) d'on, l'autre de fame, sunt au matin (3) perdu,
Un amor (4), un voloir furent puès anbedu
E menerent teil vie qi mout pleisi Jexu.
Qua[n]t lo jor esclarci (5), ou p[a]lès sont venu
Soldan e son enfant et da[n] Roland, lor dru,
Margel (*sic*) le patriarch et Ugues le menbru.
Li prences de Sorie e li quens e li du
Lor bon roi Anseïs ont entr' e[u]s receü

(1) C'est ainsi, en effet, que s'appelle, dans l'*Entrée de Spagne*, le personnage que, d'après le *Viaggio*, M. Léon Gautier appelle à tort Hugues de Floriville (*Epopées françaises*, III², p. 446).

(2) *Ms.* : Lons.

(3) *Ms.* : auinatin.

(4) *Ms.* : uti.

(5) *Ms.* : esclarij.

E li e sa moiler amerent anbedu...
Gariç est Aquilant q'avoit estés feru ;
Hue (1), le sir de Blois, l'en amange avec lu,
Si l'a feit batiçer, le nom n'i a tolu (2).
Puès le dit : « Biau (3) ami, alons (4) devant celu
Por qoi je ai passés deça la mer fondu ;
Por lui ai refusée corone de or molu ;
Quand il avra de vos le grand bien entendu
Le sens (5) e la procce (6) et les autres vertu
O nos vos (7) amenra dela la mer fondu...

Pour reconstituer les événements qui ont dû se passer antérieurement, nous avons comme source de première main le petit résumé de Nicolas de Vérone (voy. plus haut p. 12, v. 25-28 et 45-48) ; mais c'est une bien faible compensation à la perte du texte même du Padouan. Les récits italiens postérieurs de la *Spagna* en vers et des deux *Spagna* en prose, qui dérivent tous du passage perdu, offront beaucoup de divergences. Il ne sera donc pas inutile d'insérer ici un autre résumé fait incidemment par l'auteur du roman franco-italien d'*Aquilon de Bavière*, roman demeuré jusqu'à ce jour complètement inconnu, et que je me propose d'étudier prochainement :

« Al tenp che le cont Roland mist li canp atorn Jeruxalem, Ugon de Blois estoit in cil païs cum .X. millie homes che avogient tot prixe la cros e alogient cerchant Roland. Le roi Malquidant li prist à son sold e li mena in Jeruxalem, e quand Ugon soit che Roland estoit cil che estoit bailis de le soldan de Perse che avoit asediés Jeruxalem, il prist une nuit la cité ella dona al cont, e alor li Soldan conuit che cist estoit Roland, si soi fist batezer e Sansonet, son fil, e sa dame e Dionés, sa fille, celle che tant fu sazes in art de astrologie e anchor fu bone nigromante, e donerent ceste dame por muiller à Ansuis de Blois, li frer de cist Ugon che avoit pris Jeruxalem. »

(1) *Ms.* : Huc lessir.
(2) *Ms.* : inant colu.
(3) *Ms.* : bian.
(4) *Ms.* : auont.
(5) *Ms.* : Les eus.
(6) *Ms.* : proete.
(7) *Ms.* : O uos nos.

III. — *Les manuscrits de l'*Entrée de Spagne *possédés en 1407 par Francesco Gonzaga.*

Ces manuscrits occupent, dans l'inventaire que j'ai eu fréquemment occasion de citer, les nos 53 à 58. Les nos 53 et 58 seuls existent aujourd'hui et sont les ms. XXI et V de Venise. J'ai déjà parlé du no 57. C'était un manuscrit qui ne contenait que le texte du poète de Padoue : comme il n'avait que 116 feuillets, et que l'œuvre du Padouan comprenait environ 16,000 vers, il devait contenir en moyenne 137 à 138 vers par feuillet, circonstance qui ne peut guère convenir qu'à un manuscrit à deux colonnes, comme est par exemple le ms. XIII de Venise.

Voici les trois autres manuscrits mentionnés dans l'inventaire :

54. *Liber Introitus Yspanie.* Incipit *: Molt fu luoco illuc datons li milon oir* (1) Et finit *: ne sognent cum linfrange.* Continet cart. 284.

55. *Liber Introitus Yspanie.* Incipit : *Grant fu la prese entor le duc d'Anglent.* Et finit : *tu nola respondus.* Continet cart. 154.

56. *Liber Introitus Yspanie secundum Minochium.* Incipit : *En onor en bien in gran reverenza.* Et finit : *non trovera falanza.* Continet cart. 246.

Le ms. 56 étant le seul qui débute par le premier vers du Padouan, on est naturellement porté à croire que les deux autres lui faisaient suite. La comparaison du ms. XXI confirme en partie cette hypothèse.

Le ms. 56 correspond aux 254 premiers feuillets du ms. XXI : c'est au fo 254 vo que nous trouvons comme dernier hémistiche d'une laisse : *non trovera falançe.* La laisse qui vient après débute par le vers suivant :

> Grant fu le (*sic*) preise intorn le duc d'Anglent,

qui était précisément le premier vers du ms. 55. La fin du ms. 55 ne se retrouve pas et ne pouvait pas se retrouver dans le ms. XXI; il en est de même du premier et du dernier vers du ms. 54. N'est-il pas infiniment probable que ce dernier était la suite du no 55, comme celui-ci l'était du no 56 ? Si l'on se rappelle qu'en parlant du no 58 (ms. V), le rédacteur le nomme *Liber secundus Ystoriarum*

(1) Il faut très probablement lire : « Molt fu bien accoilliz da tous li Milon oir. »

Ispanie, on sera très porté à croire, avec M. Gaston Paris, qu'il regardait les nos 56, 55 et 54 comme formant un « *liber primus.* » Il semble bien en outre que notre ms. V actuel ait été la suite du no 54. Ce dernier finissait par l'hémistiche : *ne sognent cum linfrange* : non seulement cet hémistiche ne figure pas dans le ms. XXI, mais dans les laisses en *agne* (= *ange*), qui ne sont pas très nombreuses, je n'y ai jamais trouvé ce subjonctif du verbe *enfraindre.* C'est dire que ce verbe n'est pas d'un emploi fréquent, et doit être motivé par une situation très particulière. Or, on sait dans quelle situation nous nous trouvons avec le premier vers du ms. V :

Con fu la sbare averte, le vaylant roy lombard...

Désirier et ses Lombards, après avoir conquis le palais de Pampelune, se barricadent sur la place, ainsi que le roi le rappelle plus tard :

Ains me fis sour la place sbarier e enfortir
Pour qu'il ne me poüst nul païn sourvenir,
Et quand je me cuidoie auquant en peis tenir,
Bien dis mil Alemans me vindrent à asaillir
Des monteniers de sour... (v. 216-220).

Il est probable qu'en se voyant attaquer par les Allemands, les Lombards ne jugent même pas nécessaire de se servir de la barricade, mais qu'ils l'ouvrent spontanément sans attendre qu'elle ait été forcée,

[La sbare ont fait avrir], ne sognent c'um l'infrange.

En admettant cette hypothèse, on a un état très satisfaisant des manuscrits de l'*Entrée de Spagne* possédés par la famille Gonzaga.

Quand fut composé le poème du Padouan, les Gonzaga en firent prendre deux copies (nos 53 et 54), dont l'une nous est parvenue. Puis, lorsque Nicolas de Vérone eut terminé l'œuvre laissée interrompue par son prédécesseur, ils firent exécuter un exemplaire complet de l'*Entrée de Spagne* (nos 56, 55, 54, 58). De cet exemplaire complet il ne s'est conservé que le dernier volume (ms. V de Venise). Heureusement, on avait eu l'idée d'utiliser le ms. 53 pour le faire servir de tête à un autre exemplaire complet, et on avait amorcé la continuation aux derniers feuillets du manuscrit : c'est grâce à cette dernière circonstance que nous avons pu faire la lumière sur les rapports des ms. 53 et 58 (XXI et V de Venise).

On peut partir de ces données pour calculer quel devait être le nombre des vers de l'*Entrée de Spagne* dans son ensemble. Le ms. 56, correspondant aux f°s 1-254 du ms. XXI, devait avoir à peu près 13,200 vers, soit en moyenne 53 vers par feuillet. En supposant la même proportion pour les ms. 55 et 54 (ensemble 438 feuillets), nous aurions en tout 36,414 vers, auxquels il faudrait ajouter les 6,113 du ms. 58. Il faut avouer que ce total général de près de 42,500 vers (16,000 du Padouan et 26,500 du Véronais) est fait pour laisser quelques doutes sur la justesse de nos hypothèses. Nous les donnons pour ce qu'elles valent, sans y attacher autrement d'importance.

IV. — *Les douze pairs dans l'*Entrée de Spagne.

M. Léon Gautier établit ainsi la liste des douze pairs d'après l'*Entrée de Spagne* (1) : 1° Roland; 2° Olivier; 3° Estout; 4° Hostes (? = Otton) ; 5° Ogier; 6° Bérengier; 7° Anseïs ; 8° Turpin ; 9° Girard; 10° Samson de Bourgogne (remplacé à la fin du poème par le jeune Samsonnet, fils du roi de Perse); 11° Naimes; 12° Salomon de Bretagne (ou Richard de Normandie). Ces noms seraient fournis par le ms. XXI, tandis que le ms. V donne les suivants, reproduits également par M. Léon Gautier (2) : 1° Roland ; 2° Olivier; 3° Estout; 4° Turpin; 5° Samson le Persan; 6° Girard; 7° Bérengier ; 8° Otton ; 9° Anseïs; 10° Ivon ; 11° Ivoire (ces derniers présentés par le poète comme les fils de Naimes); 12° Engelier.

Ces deux listes, on le voit, diffèrent sensiblement ; en admettant l'identification de Hostes avec Otton , neuf personnages seulement, sur douze , leur sont communs. Tant que les vrais rapports du ms. V avec le ms. XXI n'avaient pas été mis en lumière, cette différence n'était pas faite pour surprendre ; en supposant l'existence d'une *Prise de Pampelune* autre que celle qui nous est parvenue, et antérieure au texte du ms. V, on était libre de croire que l'auteur du ms. V avait altéré intentionnellement la tradition. Il n'en est plus de même maintenant. Le lecteur a pu se convaincre que Nicolas de Vérone, en dehors des particularités de style

(1) *Epopées françaises*, 2e éd., t. III, p. 185.
(2) *Ibid.*, p. 186.

qui lui sont propres et dont il lui était impossible de se défaire, n'a cherché qu'à continuer fidèlement l'œuvre laissée inachevée par le poète de Padoue, en s'inspirant partout de l'esprit de son devancier. On retrouve chez lui les mêmes personnages que l'on a vus dans la première partie de l'*Entrée de Spagne*, et ces personnages continuent à agir conformément au caractère que leur avait imposé le premier auteur. C'est là un fait que M. Gaston Paris a fort bien mis en lumière; et si la conclusion qu'il en avait tirée ne s'est pas vérifiée depuis, cela n'enlève rien à la réalité du fait lui-même, que personne ne peut songer à contester. Comment donc expliquer les divergences signalées par l'éminent auteur des *Epopées françaises*, au sujet des douze pairs? Ces divergences seraient tellement surprenantes, si elles existaient réellement, qu'il faudrait y voir une grave distraction de Nicolas de Vérone. Il est plus probable que nous sommes en présence d'une distraction moins grave, ne remontant pas au delà de 1856.

Pour reconstituer la liste des douze pairs, telle que la comprenait le premier auteur de l'*Entrée de Spagne*, nous avons un passage précieux, c'est l'épisode immédiatement antérieur au combat de Roland avec Ferragus (1). Le terrible neveu de Marsile a envoyé Norbredas défier en combat singulier les barons de Charlemagne; ceux-ci délibèrent, en présence de l'empereur, sur la réponse à rendre. Le Danois Ogier, irrité par les plaisanteries d'Estout, qui l'accuse d'avoir peur, s'arme à la dérobée, va combattre avec Ferragus, et est fait prisonnier. L'auteur ne nous dit rien qui laisse supposer qu'il regardât Ogier comme l'un des douze pairs. Il le dit formellement, au contraire, de celui qui vient ensuite se mesurer avec Ferragus :

Por la venjance pre[n]dre esperonna Hoton;
Frere fu Bere[n]ger, des .XII. compagnons (2).

Après Ogier et Otton, combattent successivement et sont faits prisonniers, au témoignage même de M. Léon Gautier : Bérengier, Anseïs, quatre autres des douze pairs à la fois, l'archevêque Turpin, le duc Girard, Olivier et Estout. « Ainsi, ajoute M. Léon Gautier, sur les douze pairs, onze sont emprisonnés. » Il va de soi que le douzième est Roland.

(1) Voyez l'analyse de M. Léon Gautier, *Bibl. de l'Ecole des Chartes*, année 1858, p. 229.
(2) Ms. XXI. f° 22 v°.

Si nous récapitulons, nous trouvons dans ce passage, sans parler de Roland, douze chevaliers que l'auteur met successivement aux prises avec Ferragus. Comme Roland ne saurait céder sa place, il faut à tout prix exclure un des douze premiers combattants de la liste des douze pairs. L'exclusion doit évidemment porter sur Ogier (1).

Reste à déterminer quels sont les quatre anonymes. Leurs noms ont, en effet, été oubliés par le premier scribe du ms. XXI; heureusement le correcteur qui a revu son travail a ajouté, en caractères minuscules, le vers qui avait été passé. Je l'imprime en italique, ainsi que le dernier mot du vers précédent, qui avait été également omis :

> Quatre des doçes pers brocerent d'un *garait :*
> *Engelier e Sanson e dous fils Naimes i ait* (2).

Nous avons déjà exclu Ogier de la liste de M. Léon Gautier; ces deux vers permettent d'y ajouter Engelier et d'en exclure également Naime, pour le remplacer par ses deux fils. Assurément, ce n'est ni Salomon de Bretagne, ni Richard de Normandie, qui peuvent passer pour les fils du duc de Bavière, et notre poète ne peut avoir eu en vue que Ivon et Ivoire.

En fin de compte, la liste des douze pairs dans l'*Entrée de Spagne* est la suivante : Roland, Olivier, Estout, Girard, Turpin, Engelier, Samson, Anseïs, Ivon, Ivoire, Otton et Bérengier, liste identique dans le ms. XXI et dans le ms. V.

Il ne sera pas sans intérêt de dire quelques mots sur ces différents personnages, si inégalement connus, en extrayant de l'*Entrée de Spagne* les renseignements qu'elle nous fournit sur l'histoire poétique de chacun d'eux.

1° *Roland* (3). On sait que la naissance de Roland est racontée d'une façon toute particulière par les textes de provenance italienne, et que le poème franco-italien de *Berte et Milon*, base de ce récit légendaire, est en contradiction avec toutes les sources purement françaises (4). M. Pio Rajna a déjà indiqué que cette

(1) Cette exclusion est d'ailleurs indiquée nettement par le poète, à deux reprises : « Li XI piers a pris et Oger le pros... Li autre pieres et Ogiers que fera? » L. Gautier, *Entrée en Espagne*, p. 230 et 231.

(2) Ms. XXI, f° 24 r°.

(3) Voyez une esquisse de l'histoire poétique de Roland dans les éditions 4°, 5°, 6° et 8° de la *Chanson de Roland* de M. Léon Gautier.

(4) Voyez G. Paris, *Hist. poét. de Charl.*, p. 170, et Pio Rajna, *I Reali di Francia* (Bologna, 1872), page 253.

légende, de formation assez récente, n'était pas connue du premier auteur de l'*Entrée de Spagne* (1); c'est ce que montrent les vers suivants par lesquels Roland, au moment où il va abattre Pélias, se fait connaître à son adversaire :

Cel roi de France (Charlemagne), fait Rollant le g[u]erer,
Une suer ot, que donna à muiler
Peppin le roi au duc Mille d'Angler;
Un fils en ot que l'on fait appeler
Rolant : jel sui (2).

Ces vers rappellent singulièrement un passage de Girard d'Amiens, cité par M. Gaston Paris (3) :

L'aisnée des .II. suers, quant on la bauptiza,
Fu nommée Gilain, que roy Pepin donna
Au duc Milo d'Ayglent.

La coïncidence est-elle fortuite? Cela se pourrait, d'autant plus que pour le poète de Padoue, la mère de Roland ne s'appelle pas Gilain, mais Berte (4). Pour Nicolas de Vérone, aussi, Roland est fils de Berte, puisque le poète l'appelle « la noble engendrée

Que conceï Milon en Bertaine sa drue (5).

Mais l'expression « sa drue, » ne peut être qu'une allusion aux amours illégitimes de la sœur de Charlemagne et du sénéchal Milon, amours qui font précisément l'objet du poème de *Berte et Milon*. C'est donc dans la seconde partie de l'*Entrée de Spagne*, postérieure de quelques années à la première, que se trouve, comme on voit, la plus ancienne allusion connue à ce poème.

Le père de Roland est appelé, dans l'*Entrée de Spagne*, Milon d'*Angler* ou d'*Anglant*, suivant les besoins de la rime. Il est fait allusion à sa mort, arrivée antérieurement à l'expédition de Charlemagne en Espagne :

Membre lui (à Roland) de son pere qi jadis (6) fu la graine
De tot buens chevalier, quand fu mort en Ardaine;
De son aiol li mambre, de sa geste anciaine (7)...

(1) *Reali*, p. 255.
(2) Ms. XXI, f° 253 r°.
(3) *Hist. poét.*, p. 407.
(4) Ms. XXI, f° 264 v° : Roland est appelé *le fils Bertaine la marchise.*
(5) *Suprà*, p. 13, vers 119-120.
(6) *Ms.* : qe ja deus.
(7) Ms. XXI, f° 223 v°.

La tradition que suit ici le poète padouan paraît encore très voisine de celle de Girard d'Amiens, qui fait mourir Milon en Flandre, tandis que Turpin le fait mourir en Espagne (1), et des textes franco-italiens postérieurs, dans l'expédition d'Aspremont (2). Quant à l'*aïeul*, mentionné dans les vers précédents, il n'est nommé nulle part dans l'*Entrée de Spagne*; mais si l'on se rappelle que notre poème appelle fréquemment Roland le *sire de Clermont* (3), on sera porté à croire qu'il ne peut s'agir que de Bernard de Clermont. Ainsi donc, le ms. XXI se trouve d'accord avec le ms. XIII pour constituer à Roland une généalogie inconnue aux chansons de geste françaises, généalogie qui doit s'imposer plus tard à tous les écrivains italiens sans exception (4).

Les deux auteurs de l'*Entrée de Spagne* connaissaient l'un et l'autre la chanson d'*Aspremont*, où Roland joue un rôle si important (5); la plupart des allusions, d'ailleurs très courtes, reviennent à propos de l'épée de Roland, Durendal,

La belle spee dont il fu conquerant
Quant il oucist le fil rois Agolant (6).

Aspremont est une de nos légendes épiques qui a eu le plus de succès en Italie, et ce succès s'explique bien naturellement, puisque *Aspremont* a pour théâtre la Calabre, et raconte comment l'Italie, envahie par Agolant et son fils Heaumont, fut délivrée par Charlemagne (7). Ce n'est pas ici le lieu d'examiner les différentes versions françaises, franco-italiennes et italiennes qui nous en sont parvenues, et d'en dresser un tableau généalogique. Je veux dire seulement quelques mots d'une légende intimement liée à *Aspremont*, celle de *Girard de Frette*.

M. Gaston Paris a fait remarquer que le roman en prose italienne d'*Aspramonte*, œuvre d'Andrea da Barberino, et suite naturelle des *Reali di Francia*, se composait de deux parties distinctes : la première partie correspond à notre chanson de geste d'*Aspremont*; la seconde, consacrée au récit d'une longue guerre entre

(1) G. Paris, *Hist. poét.*, p. 412.

(2) Notamment le roman d'*Aquilon de Bavière*, auquel j'ai fait allusion plus haut.

(3) Voyez plus loin, p. 60, vers 347.

(4) M. G. Paris l'avait déjà supposé ainsi : *Hist. poét.*, p. 178.

(5) M. Léon Gautier a déjà relevé le fait : *L'Entrée en Espagne*, p. 254, et *Epopées françaises*, 2e éd., t. III, p. 76.

(6) Ms. XXI, f° 59 r°.

(7) Voyez L. Gautier, *Epopées françaises*, 2e éd., t. III, p. 70 et suiv.

Charlemagne et Girard de Frette', paraît reproduire une chanson de geste aujourd'hui perdue. « Après un long épisode, peut-être peu ancien, où une invasion des Sarrasins dans les terres de Girard est repoussée par lui à l'aide de Charlemagne, la question posée par la charte de Turpin devient l'occasion d'une guerre terrible entre l'empereur et Girard, qui est assiégé dans Vienne, sa capitale. Furieux de quelques défaites, Girard brise le crucifix, va en Espagne, où il renie sa foi, et revient en France avec une immense armée de Sarrasins. Cette fois, l'empereur se sent tout à fait dans son droit : les païens sont battus; Roland tue Clairon, le neveu de Girard; enfin les propres enfants de celui-ci l'enferment dans une tour de pierre, où il meurt, et livrent Vienne à Charlemagne (1). »

Ce récit d'Andrea da Barberino, où Roland a un rôle considérable, a-t-il pour base une chanson de geste réellement française, ou simplement franco-italienne (2)? Cette chanson était-elle une suite donnée après coup à la chanson d'*Aspremont*, ou était-elle antérieure? Ce sont là des questions qu'il est impossible de traiter incidemment et dont la solution exigerait de longues recherches. Tout ce que je puis dire ici, c'est que le premier auteur de l'*Entrée de Spagne* a connu *Girard de Frette*, le combat de Roland et de Clairon, qui forme un épisode important de cette chanson perdue, et l'alliance de Girard avec Marsile et les Sarrasins d'Espagne. Voici des allusions qui le montrent clairement :

Seignors barons, dist il (Roland), q'estes ci asemblés,
Remembre vos la grant desloiautés
Qe vos a feit Marsille dès le tenz trapassés,
Qe promis à cist roi (Charlemagne) desoz Viene al prés
Fealté et homaje e devint (3) son hom liés,
Quant Girard le mena, l'orguelos deu Fratés
Por confondre et destruir vos e Cristinistés... (F° 3 r°).

L'apostrophe de la mère d'Isoré, reproduite par M. Léon Gautier (4) :

Mar acointastes le mari Harmeline,

(1) *Hist. poét.*, p. 325. Une analyse de cette chanson perdue se trouve également dans la chronique de Jean d'Outre-Meuse.

(2) M. Léon Gautier se borne à rapporter l'opinion de M. G. Paris, sans se prononcer personnellement : « Certes, s'il est vrai, comme le pense M. G. Paris, qu'il a existé un vieux poème français consacré à ces dernières aventures du terrible Girard... » *Epopées françaises*, 2e éd., t. III, p. 75.

(3) *Ms.* : et mentre?

(4) *L'Entrée en Espagne*, p. 242.

s'adresse non à son fils, mais à son frère Marsile, et fait également allusion au secours qu'il avait accordé jadis à Girard de Frette (1). Enfin le combat de Roland avec le neveu de Girard est nettement indiqué dans les vers suivants :

> Là soi cunbait le neveu Charlemaine (2)
> Envers Pelliais le ardi (3) zavetaine;
> Fors Feragus et Claire souz Viaine (4),
> Non trovoit home de si tres fiere alaine...
> Cyl refiert lui cum aïrouse haine (5)
> Amont en l'eume Agoulant (6) li soldaine :
> Le duc Roulant le cunquis la semaine
> Qu'il fist à Claire l'arme (7) del cors lointaine (F° 247 v°).

L'existence de la chanson de *Girard de Frette* et sa diffusion en Italie, dès l'époque franco-italienne, est donc un fait incontestable; les deux manuscrits d'*Aspremont*, de la Marciana, et le roman d'*Aquilon de Baviere*, nous offrent d'ailleurs à ce sujet des témoignages non moins précis, qu'il est inutile de citer ici.

Un autre trait caractéristique de la légende italienne de Roland, c'est de nous le représenter comme sénateur de Rome, chargé par le pape du commandemant de vingt mille « soudoyers de l'Eglise (8). » Ce caractère figure déjà dans l'*Entrée de Spagne*, et l'on serait porté à en rechercher l'origine dans le poème lui-même. Il n'en est rien cependant. Voici en quels termes Roland annonce qu'il se mettra à la tête de ses vingt mille hommes, et comment il va les chercher à Rome :

(1) Ce fait est aussi rappelé dans le *Viaggio di Carlo Mano in Ispagna*, publié par M. Ceruti (Bologna, 1871) : « Il re Malzarise, il quale non aveva se non una mano ; l'altra li tagliò Rolando in Bregogna, quando Girardo della Fratta rinegò Cristo, che condussi Malzarise in Bregogna. » Tome I, p. 87; le dernier *Malzarise* doit probablement être corrigé en *Marsilio*.

(2) *Ms.* : le neus Charles helmaine.

(3) *Ms.* : Onuers Pelliais les ardiz.

(4) *Ms.* : souhz uiainhe.

(5) *Ms.* : hayrousses huaine.

(6) *Ms.* : leumes Hagoulant.

(7) *Ms.* : ha Clairon larne.

(8) Dans le *Viaggio* publié par M. Ceruti et dans d'autres textes italiens, ce n'est plus 20,000 hommes, mais 20,660, que commande Roland. On reconnait là cette préoccupation apparente de l'exactitude, qui est un des caractères de la littérature chevaleresque italienne, et qui, même à l'origine, ne va pas sans un peu d'ironie.

« Or est venus le termes et le pont arivés
De venger Deus et vos ; je sui [tot] aprestés
Cum XX^M homes de la glixe soudés
De estre primirans trestot entallentés... » (F° 3 v°).

Entre Rollan li duc et Olliver son dru
Cevaucerent à Rome, o bien sunt receü,
E totes lor demandes acomplies lor en fu ;
De XX^M chevaliers fu Rolant revestu
Par entrer en Espaigne sor l'oncle Feragu (F° 6 v°).

Ce voyage de Roland à Rome, ce commandement de vingt mille hommes fournis par l'Eglise, semblent, comme on voit, chose toute naturelle à notre poète. Il faut admettre que, dans quelque poème antérieur que nous ne connaissons pas, Roland avait déjà été officiellement revêtu du titre de champion de l'Eglise et de sénateur de Rome. L'auteur d'*Aquilon de Bavière*, parlant sans doute en connaissance de cause, nous dit que cette charge avait été confiée à Roland, à la Pentecôte qui suivit le retour de l'expédition d'*Aspremont*, et il nous apprend que le pape lui-même était venu à Paris l'offrir au neveu de Charlemagne.

2° *Olivier*. Les débuts d'Olivier sont racontés dans *Girard de Vienne* (1), où nous le voyons combattre avec Roland, et où le combat se termine par les fiançailles de Roland et de la belle Aude, sœur d'Olivier. Il est fait allusion à cette chanson dès les premières pages de l'*Entrée de Spagne*, où Charlemagne rappelle qu'il a promis de conquérir le chemin de Saint-Jacques :

« Jel jurai souz Vienne en mi la praerie,
Quant de moi e Girard fu la gere fenie ;
En fu la pulcella Aude por Rollant creantie » (F° 2 v°).

M. Gaston Paris a montré (2) que la *Karlamagnùs-Saga* nous a conservé, sur Girard de Vienne, un récit plus ancien que le poème actuellement connu, œuvre de Bertrand de Bar-sur-Aube. L'originalité de Bertrand consiste surtout à avoir rattaché Girard et son neveu Olivier au cycle des Narbonnais, auquel ils étaient originairement étrangers. C'est bien le poème de Bertrand, et non le poème antérieur, qu'a connu notre Padouan ; car il appelle Olivier « *li cosins Aymiris* » (f° 180^a), et il fait intervenir « *Ernaut le guerer, Cil de Belande, chi ert uncle Olivier* » (f° 127 v°).

(1) Voyez L. Gautier, *Epopées françaises*, 2ᵉ éd., t. III, p. 95.
(2) *Hist. poét.*, p. 325.

Je n'ai trouvé, dans le ms. XXI, aucune allusion à la chanson de *Fierabras*; mais peut-être, en étudiant de très près le combat de Roland avec Ferragus, arriverait-on à montrer que le Padouan a connu et imité le combat célèbre, même en Italie, d'Olivier et de Fierabras.

3° *Estout*. Ce personnage, sous le nom d'Astolfo, acquiert, comme on sait, dans les poèmes chevaleresques italiens, beaucoup plus d'importance qu'il n'en avait dans les chansons de geste françaises. Cette importance remonte au poète padouan, qui fait de lui, comme d'Olivier, un compagnon inséparable de Roland. Dans l'*Entrée de Spagne*, comme dans la légende française, Estout est fils d'Odon, duc de Langres :

Hestou m'appellent là en la grant Bergoigne,
Duch sui de Lengres (ms. Longres), nus hom le me caloigne,
Un sui des doçes qi por saint Jaqe poigne (F° 112 r°).

Mais une confusion singulière s'introduit, et sous la plume du scribe, et dans l'esprit même du poète : pour lui, Estout commence à ne plus être « Lengrois » ou même « Lenglois, » mais « Englois (1); » lorsqu'il est blessé, il est emporté par « dos Englois » (f° 199 v°). Plus loin nous voyons qu'un Sarrasin s'avance :

E fiert un sodoier qe fu nez d'Engeltere...
« Parfois, ce dist Hestous, celui colp me feit g[u]ere :
Mon compagnons m'ais mort, Sarasins, filz de lere » (F° 211 v°).

On comprend dès lors que les romans italiens postérieurs appellent constamment Astolfo « sire di Ingalterra (2). »

Estout est cousin de Roland (3) et neveu de Girard de Roussillon ; mais il ne faut pas s'attendre à trouver la geste de Clermont constituée dans l'*Entrée de Spagne* comme dans les *Reali*. Nous ne savons si le poète padouan considérait déjà Odon, père d'Estout, comme frère de Milon, père de Roland ; en tout cas, ce n'est

(1) Nicolas de Vérone dit de même « l'Englois Basin » pour Basin de Langres (v. 159, éd. Mussafia) ; comparez l'expression *le bon d'Asnemart*, pour *de Danemark*, appliquée à Ogier (*Appendice*, v. 152). Dans Aquilon de Bavière, le cri de guerre d'Ogier est : *Asnemarch!*

(2) M. G. Paris a déjà fait cette remarque : *Hist. poét.*, p. 153, note 1.

(3) Voyez notamment *Appendice*, v. 358.

pas par son père, mais par sa mère, qu'il le rattache à Girard de Roussillon :

> Car son neveu estoit, de sa soror nasus (F° 196 v°).

4° *Girard de Roussillon.* Pour le premier auteur de l'*Entrée de Spagne*, il existe trois personnages du nom de Girard, qui ont été successivement en lutte avec Charlemagne : Girard de Frette, Girard de Vienne, Girard de Roussillon (1). Ce dernier seul figure dans l'expédition d'Espagne, et notre poète ne l'identifie pas avec le Girard dont les luttes contre Charles Martel nous sont racontées dans la célèbre chanson de *Girard de Roussillon* (2). Le Girard de Roussillon du poète de Padoue est celui qui est mentionné dans la *Chanson de Roland*, avec les épithètes de *fier* et de *vieux*; c'est celui dont il est question plusieurs fois dans *Renaud de Montauban* (3). C'est très probablement à une rédaction franco-italienne, aujourd'hui perdue, des *Quatre Fils Aimon*, que se rapportent différents passages de l'*Entrée de Spagne*, où sont rappelées les guerres de Charlemagne avec Girard de Roussillon. Voici ces passages curieux :

> « Sire Gera[r]d, dist Hestos, je quidoie
> Ch'il vos membrast la bataile daroie,
> Quant Carles Maines, que le[s] fellons g[u]eroie,
> Vos desconfi; lor fusez pris à proie,
> Car dan Riçars et Gauter de Savoie
> Vos avoient versé anmi (4) la voie

(1) Ces différents personnages légendaires remontent tous à un même prototype historique, Girard, fondateur de l'abbaye de Pothières et régent de Provence, mort vers 875. Voyez P. Meyer, *La légende de Girart de Roussillon* (*Romania*, t. VII, p. 161-235), et A. Longnon, *Girard de Roussillon dans l'histoire* (*Revue hist.*, nov.-déc. 1878, p. 242-279).

(2) Le Padouan a connu cette chanson de geste, dont le meilleur manuscrit vient, comme on sait, de la bibliothèque de Francesco Gonzaga. On lit dans l'*Entrée de Spagne* cette allusion à la bataille de Valbeton, épisode important de *Girard de Roussillon* :

> En Valbeton, où fu l'asenblemant
> Des Bergueguons e de la franche jant.
> Où fu Gerart e Folches, son parant.
> Envers Carlon Martel ou cors valant.
> N'i fo esfor si greu ne si pesant
> Cum vos oirois, s'un petit plu vos çaut (F° 160 v°).

(3) Voyez G. Paris, *Hist. poét.*, p. 297.

(4) *Ms.* : amien.

E tant ferus, dont il encor m'enoie,
Che vos aviès (1) jà la parole coie.
Je m'i trovai o le brant que tenoie;
Con celui brant, que maint felons chastoie,
Oucis Gauter maintenant, sans deloie;
Se conseü le duc Richard avoie,
Oucis l'eüsse (F° 47 r°).

Plus loin, Malceris, s'adressant à Estout prisonnier, dit, en parlant de Charlemagne :

« Se il atend dous semaines o trois,
Je li croi metre ou cor un tel efrois
C'onque Girard, lui ne ses Vienois,
Ne li mis teil devant à Maschonois. »
— « Sir, dist Hestou, je li fu, ce sachois;
L'orguel Girart i vit et mus et qois
E de ses mors tot covert le chamois;
Fuïr le vi come batu borjois.
Quand Carle poigne d'abat[r]e un orguelois,
Sacès de voir q'il non vit (2) à gabois (3). »

Ailleurs, Girard de Roussillon rappelle lui-même à l'empereur les démêlés qu'il avait eus avec lui :

« Encor me manbre — ne sui pas si veilard —
Q'entre nos fu cà guere et de gent grant esart,
Quant voleves destruir Renaut et Adelart,
Madalgis le lairon e son cosin Guiçard,
Par le consoil de cels qe ci en sunt en part,
Tant que Rolant, entre lui et Bernard,
A l'acord fere nos conduit à Monmard,
Puis fu mon plege e lui e Durindard (4) » (F° 218 v°).

Nous voyons enfin, dans les vers suivants, une dernière allusion aux mêmes événements :

(1) *Ms.* : ames.

(2) *Ms.* : uie.

(3) M. Pio Rajna (*I Reali di Francia*, p. 278), cite trois de ces vers ; mais il croit que le Girard y mentionné est Girard de Frette.

(4) Ce passage, sauf un vers, a été publié par M. L. Gautier (*Entrée en Esp.*, p. 255), et l'intérêt qui s'y rattache, pour la légende des *Quatre fils Aimon*, n'a pas échappé à M. Gaston Paris (*Hist. poét.*, p. 187). Il est étonnant que M. Pio Rajna n'en ait pas eu connaissance dans son travail intitulé *Rinaldo da Montalbano* (*Bologna*, 1870, extrait du *Propugnatore*).

Plus (1) orguelous jamais non fu Gira[r]t
Chant à Paris ficha son estendart,
Et mut (2) les host ho fu mort Guinimart,
Le bailis Karle, niès au conte (3) Bernart (4) (F° 256 v°).

5° *Turpin.* Il n'y a rien de particulier à dire sur le Turpin épique; quant au pseudo-Turpin et à la chronique qui porte son nom, ce n'est pas ici le lieu d'examiner jusqu'à quel point le Padouan et son continuateur en ont fait usage. Une étude approfondie des sources de l'*Entrée de Spagne* ne pourra être entreprise avec fruit que quand le poème aura été publié *in extenso*.

6° *Engelier.* Ce personnage figure, comme on sait, dans la *Chanson de Roland :*

E Engeliers, li Guascuinz de Burdele (v. 1289).

C'est évidemment là que le Padouan l'a pris, et il le qualifie de même « Enceler che fu de Bordelois » (f° 152 v°).

7° *Samson.* Toutes les chansons de geste françaises regardent Samson comme duc de Bourgogne; il est assez probable qu'il faut corriger le passage où Nicolas de Vérone le dit : « de Gascogne neï (5), » et lire *Bourgogne*, au lieu de *Gascogne.* L'ingénieuse substitution de Samsonnet, fils du roi de Perse, à Samson de Bourgogne, que l'on suppose mort dans un assaut contre Pampelune, s'accomplit à la fin du ms. XXI, sous la plume du second auteur de l'*Entrée de Spagne*, Nicolas de Vérone; mais le premier auteur l'avait déjà préparée en faisant venir Samsonnet en Espagne, en compagnie de Roland, et en faisant prédire à ce dernier, par l'ermite, qu'il allait trouver un vide parmi les douze pairs. Ce n'est pas d'ailleurs la première fois que l'ancien Samson se voit, bon gré, mal gré, obligé de céder la place à un païen converti; la

(1) *Ms.* : De plus.

(2) *Ms.* : Et nuls.

(3) *Ms.* : Le bailis Karmes au cont Bernart.

(4) La vie latine de Girard de Roussillon, d'après une chanson perdue, dont le *Girard de Roussillon* actuel n'est qu'un remaniement, parle d'une guerre où Girard enferma Charles Martel dans Paris; *Renaud de Montauban* raconte la même chose de Charlemagne. Je crois que l'allusion du Padouan se rapporte à ce dernier fait, car il me paraît improbable que notre poète ait connu la première forme épique de *Girard de Roussillon*. Je laisse d'ailleurs à mon savant maître Paul Meyer, qui prépare un travail d'ensemble sur la légende de Girard de Roussillon, le soin d'éclaircir ce point particulier.

(5) Voyez ci-dessus, p. 12, v. 63.

substitution rêvée par le Padouan et accomplie par Nicolas de Vérone a un précédent qui ne devait pas être inconnu à nos poètes. Dans la chanson d'*Aspremont*, lorsque Balant se convertit, on lui donne le nom de Samson :

Sanson l'apalent li chevalier vaillant.
Li fillolaiges li valut ce jor tant,
Dont il fu puis riches tot son vivant;
Mas puis fu morz, si con trovons lisant,
An Roncevax où fut la dolors grant (1).

8° *Anseïs.* Il s'agit naturellement de l'Anseïs qui figure dans la *Chanson de Roland* parmi les douze pairs, et non d'Anseïs de Carthage, héros de la chanson de geste de ce nom et de la *Seconda Spagna.* Il n'est guère mentionné, en dehors du *Roland* et de ses remaniements, que dans *Otinel.* J'ignore quelle est la patrie que lui donnent les chansons françaises; dans l'*Entrée de Spagne*, il est appelé « *Anceïs le proz de Picardie* » (f° 210 v°). Il en est de même dans *Aquilon de Bavière*, et l'auteur nous dit qu'Anseïs de Picardie portait un faucon dans ses armes, « car ceste arme portoit la geste de Maganze, che cist Ansuis fu de celle gieste, e fu un logiaus chevalier e pros à merveile, si fu di doces per (2). »

9°, 10°, 11° et 12° *Ivon*, *Ivoire*, *Otton* et *Bérengier.* Ivon et Ivoire sont toujours mentionnés côte à côte dans la *Chanson de Roland*, et il est à croire que, dès cette époque, la légende les regardait comme frères; l'auteur de *Gaufrey* les fait fils du roi Otton, sixième fils de Doon de Mayence (3); mais cette assertion n'a rien de traditionnel. J'ai montré que le Padouan, aussi bien que Nicolas de Vérone, les regardait comme fils du duc Naime de Bavière (4) : c'est là une parenté absolument inconnue de toutes nos chansons de geste d'origine purement française. On a vu aussi (5) que le Padouan fait de Bérengier le frère d'Otton ; on ne saurait dire s'il ne regardait pas déjà ces deux derniers personna-

(1) Ms. du Vatican, *Regina* 1360, f° 94 v°. Les deux manuscrits de Venise donnent au contraire à Balant converti le nom de Guitalin. L'analyse de M. Léon Gautier (*Epopées françaises*, 2ᵉ éd., t. III, p. 70 et suiv.) ne me renseigne pas sur la version des autres manuscrits.

(2) On voit que, pendant la période franco-italienne, malgré une tendance bien accentuée à rattacher les traîtres à la geste de Mayence, tous les Mayençais ne sont pas cependant des traîtres.

(3) Voyez L. Gautier, *Chanson de Roland*, 8ᵉ éd., p. 182, note.

(4) Voyez plus haut, p. 38.

(5) *Ibid.*

ges comme frères des précédents. Mais ce qui est douteux chez lui est absolument certain chez son continuateur. Pour Nicolas de Vérone, Ivon, Ivoire, Otton et Bérengier sont les quatre fils du duc de Bavière. C'est ce que montrent, par exemple, les vers suivants :

Il (Roland) appella Yvon e Yvoire ancour,
Dous des fils ao duc Naimes, de Baiviere seignour,
Che quatre fils avoit des douces pugneour.
(V. 1504-1506, éd. Mussafia.)

Il est difficile de dire sur quelle autorité traditionnelle repose cette paternité de Naime, car les sources françaises ne lui connaissent que deux fils, Bertrand et Richer (1). Il faut y voir probablement une simple invention franco-italienne ; déjà l'*Aspremont* de Venise (ms. IV) semble considérer Bérengier et Otton, les jeunes compagnons de Roland, comme fils de Naime :

Voit s'en Berençier, qui filz fu dau Naimon
Otes li fant... (F° 12 r°, 2e col.).

Quoi qu'il en soit, cette invention, si invention il y a, a fait fortune en Italie, et tous les récits chevaleresques postérieurs l'ont acceptée. Non seulement nos quatre pairs sont tous les quatre fils du duc Naime, mais ils ne se quittent pas d'une semelle : on ne peut voir l'un sans voir les autres, et leur quatre noms sembleraient malheureux de ne pas se trouver dans le même vers, qu'ils remplissent d'ailleurs à merveille :

Avino, Avolio, Ottone e Berlinghiere (2).

(1) Voyez G. Paris, *Hist. poét.*, p. 323.

(2) M. Pio Rajna a trouvé dans ce fait bien connu un de ses plus ingénieux arguments pour montrer que le poème italien d'*Orlando*, par lui découvert, avait servi de modèle à Pulci pour son *Morgante* (*Propugnatore*, tome II). Ce vers même, qui revient à satiété dans les poèmes italiens, est le titre d'un poème burlesque publié à Florence, en 1643, par Beridio Darpe (pseudonyme de Pietro de' Bardi), poème dans lequel sont tournés en dérision les exploits des paladins (Voy. Ferrario, *Storia dei romanzi cavallereschi*, tome IV, p. 222).

APPENDICE

La publication intégrale du ms. XXI serait, comme je l'ai déjà dit, fort désirable ; mais il est à craindre que ce désir ne tarde encore beaucoup à être réalisé. En attendant je crois qu'on me saura gré d'imprimer la copie que j'ai prise des 482 derniers vers du premier auteur de l'*Entrée de Spagne*. Ce morceau, d'une certaine longueur, permettra mieux de se faire une idée du style du poète de Padoue que les extraits hachés donnés en 1858 par M. Léon Gautier. Le manuscrit est fort incorrect, comme on s'en convaincra aux nombreuses restitutions, assez faciles d'ailleurs, qu'il m'a fallu tenter. Je n'ai pourtant corrigé la leçon du manuscrit que lorsque le sens ou la mesure l'exigeait impérieusement, et je me suis attaché à ne lui rien enlever de son caractère franco-italien si prononcé.

Le récit prend au moment où Roland, revenant de Perse avec Huon de Blois et Samsonnet, arrive dans le voisinage du camp de Charlemagne.

F° 293b Li troi sunt desos l'arbre, delès un pré herbu ;
Cescuns tient por la rene son bon cheval crenu.
Seignor, à cele ore estoit de l'ost ensu
F° 294a Un chevalier de pris, qi de Bertagne fu,
Armés de totes armes ; non aloit avec lu
Fors qe son escuer, qi li tient son escu.
Le chevalier oit nom Rainer, le fil Baudu.
Si estoit sir de Nant et à Salamon dru.
Dejoste une rivete a dui mesals veü,
Maintenant le leisa, si a gitez beü ;

1 arber les un herbu — 4 de pus — 5 uen auloit auedu.

Neporqant si doutoit li poien mescreü,
Environ lui regarde, cum homme apereeü;
Li troi cheveler a desos l'arbre veü,
Don broche son cheval, si treit le brant tot nu.
Crient q'il fusent poien, cele part est venu.
Rolant ni nus des autres sunt de seoir moü,
Ains lor dit le niès Carles: « Soiès un petit mu. »
E quant le sir de Nantes a tant avant coru
Que à son grant loisir a Rolant coneü,
Le parler per de joie, l'enclin e le salu:
Ne poüst un mout dir por lu estre pandu.

Por le roi conforter, qi mout estoit dolant,
S'en torne le vasal à esperon pongant
E leise le faucon sor ses eles estant:
Plan de paor s'en fuit aveq lui son sergiant.
Rolant le mostre Sanses, si [a] dit en riant:
« Tu poras, frere, veor, non ira piece grant,
v° Comant je sui aïs de la franchoise giant. »
O tref l'anpereor le duch Rainer desant;
N'a soigne dou cheval, se sens valet remant,
Ou pavaillon entra de joie soupirant.
Segnor, or entendrois, se Diex vos soit eidant,
S'il fu de grant profit le retorner Rolant
Devant l'enpereor estoient en estant
Plus de .CC. barons, disans apertamant:
« Rois, servis vos avons plus qe n'est convenant;
Torner nos en volons de cist jor en avant
A reveoir nos teres, nos fames, nos enfant.
En Espagne venimes por conquir solemant
Por coroner dou reigne le fiuz Mille d'Anglant:
Le saigremant est qite por un ferir de guant.
Se Ro. ne nos mostres encuè sans e vivant,
Afiés sunt de nos Marsile e Baligant.
Se cist païs vos pleit, si li soiès menant,
Qe ja roi Salamon ni le sir de Normant,
Por lor raisons mostrer ni aler menecant,
Doman(t) ne nos tindra jusque solel chouchant;
E quant nos en irons, il n'a hom(e) si pusant
Qui ne face folie, s'il nos vient au devant. »
— « Por mon chief, dit Hostous, vos avès de droit tant,
Qui de ce(s) vos ahete, ja Diex n'i soit aidant,

29 lainer — 31 en tra de ioie son pirant — 32 entendroie — 33 latorner Rolant — 41 qi te — 42 en cue — 43 ualigant — 48 non en irons — 49 quil ne face.

F° 295ª Car nul ne doit secore qi soi meicsme ofant. »

Ne fu pais soul Hostous à teil paroles dir,
Mais tut les autres piers menacent le partir.
Ne quident qe Ro. deüs mais revenir.
L'uns barons après l'autre vont le congié querir;
L'enperer ne le seit ne doner ne tolir ;
Lor reclama Ro. cum un agu sospir :
« Dous fiuz se tu is mort, car me vien à oucir,
E se tu is vivant, vin ma plagie garir,
Que tantes fois me feit et jor e nuet morir.
Rolant, or conois je qe je feri le sir
De mon guant par le vis, qi me fesoit servir ;
Ne puis mès dolant estre, ne sai fors de taisir. »
— « Sire, dit Oliver, por c'est bien à guenchir
La mauveise ovre à feire avant le repantir ;
Il me poise de vos e de moi le martir,
Mais tel a feit la plage qe n'en puet estre mir.
Ne quidès por ce mie qe je ver vos m'aïr,
Tant que jusque la mort ne vos voille obeïr
Por le amor celui qi tant me feit languir :
Qui vos faudra, cil sui qi ne vos puet falir,
Qui qe parte de l'ost, je sui au remanir,
Qui por vos fuie mort, por vos la veul sofrir.
Mas fetes une ren, se vos vieñ à plesir :
Puès qe ces vos barons ne vos volent seguir,
Feites à l'endeman tut vos greiles bondir,
Les pavailons destandre q'avïès feit qilir,
E cescun vostre arnois cargier à bel loisir,
La reregarde veul avoir e sostenir,
Puès retornons en France à dobler le martir. »
— « Oliver, dit le rois, ce seroit da graïr,
Mais le cors qe crient honte ne le puet consantir ;
v° Qui veult, aler s'en puet, qe ci veul definir
Ains que por moi s'en fue le signal de l'anpir. »

Mout fu grant le parole et aïrez le rois,
Car n'i avoit barons, se il n'estoit François
O Baiver, o Normans, Bertons et Erupois,
Qui ne die son sir : « Deman matin m'en vois. »

53 Me — 57 ne' doter ne tolir — 59 Dous finz... aoncir — 61 en uet morir — 64 dolant sui — 66 La mau neisse — 68 Mais te la feit la plage qe nou puet estremir — 69 Ne qui de porce — 72 priet falir — 73 partent — 74 fu je mort — 75 pleir — 76 le uos uolent — 78 qa uies feit — 80 La regarde — 81 Pues retor nos — 86 aitez — 88 O baiuer o uormans — 89 quil ne die som sir.

Atant es vos Rainer qi leur maudir li quois;
Les barons deronpant, cun s'il fusent borjois,
Se veit engenoiller, e con pietose vois
Dir à Carlons : « Biau sir, ne soiès an efrois,
Tot tans avès regniés et encor regnerois :
La rien qi vos donoit e donera repois
Vos la veïstes ja et huei la reverois,
Car j'ai trovei Ro. e quens Hue de Blois,
S'ai mon faucons leisiés por venir plus manois;
A l'onbre d'un obres (*sic*) les ai veüs tut trois,
Cescuns tient son chevaus por la rene d' orfrois.
Sir, mandès li à l'encontre, si ferès qe cortois,
E se vos i alès grant prou de vos ferois,
Que qant vos le verès de voire dir porois :
J'ai trové le conqise dou païs espanois. »

— « Rainer, ce dit le roi, or me doublès mon duel,
E s'avès bien grant tor, car mout amer vos suel :
De moi tenès vos Nantes e l'onor de Nantuel.
F° 296a Quant or me ranpoignès insi devant mes huel
E vos i avès raison, adonch sofrir le vuel;
Mais foi qe je doi Diès, sant March e sant Nicuel,
Se je retor en France, ains qe l'en tonde ou luel
Qu'il n'avront trop loisir de dir : je me despuel,
Ains lor ferai sentir cum aim lor chant ni el.
Que s'en aile qi ploit, qe l'aler ne li tuel,
Que ci veul demorer e devenir aiuel
Anchois qe je gerpise de cil terans un suel,
S'avrai dou roi Marsille abatus tot l'orguel. »

— « Sire, ce dit Rainer, por Dieu li roi celestre,
Tot tans vos ai tenus e tenrai por mon mestre;
Ce qe ge di est voir plus qe sermons de prestre.
Alon li fer honor, car por rasons doit estre. »
Oliver respondi : « Ne nos parler sovestre;
Se rien en sais certeine, si la nos manifeste,
E se ce ne fust voir, ne me feir plus irestre. »
— « Segnor, ce dit Rainer, saint Tomas vos ancestre
Vos apris de non croir senz tochier le lez destre. »

« Por Deu, ce dit Rainer, qant ne me volès croir,

90 en uos rainer qi leu maudir siquois — 91 bogonois — 96 Vos laiuestes — 101 Sir mandreli ale contre — 104 Lai trouee — 106 E sauers — 107 mantuel — 109 E uos ianes — 113 aulor chant — 115 Que ei — 116 senel — 120 Ce qe ce di — 122 ne uos parler so uestre — 124 ne ne feir — 126 de non croit... de stre.

Venez à tot le men ma boisdie veoir. »
Hostous lieve en estant e jure saint Gregoir :
« Je li venrai de tot, ne m'an pus rimanoir,
Mais s'il n'ert uerité, bien te don à sauoir
v° Bien fas à ton demagie le diable movoir. »
Rainer ist de la tende e monte un cheval noir,
Por Ro. honorer metra tot son pooir;
A loi de fauchoner qant il reclame à l'oir,
Veit escriant as prences : « Venès, q'avant le soir
Vos mostrerai Huon de Blois el Milon oir,
Car orendroit les vi sot un arbre seoir;
Venès avant, mi homes, de mon mestre manoir,
Vos qi conoisès bien qe non sui da mescroir. »
Lor leiscrent François le mangier e le boir,
Ainsi li vont derier cun clerge au prevoir.

Por les host s'escrïent François da tote part
Che Ro. est venus e Hues, le fil Mart;
Des host s'en essirent e joven e vellart
E laisserent bolir lor tripes e lor çart,
Armés et desarmés, e chevalier e gart.
Li dis des doze piers s'en issent ou Girart,
Salamon e quens Hues du Mans et dan Riçart;
Tant a proié Namon nostre roy de Montmart
Ch'el sen alla monter sor un destrer liart;
Gondelbuès e dus Naime e le bon d'Asnemart
Des lices sun ensu e furent li plus tart,
Car cil davant corent à guise de liopart.
Rainer est descendus del cival à soi quart;
F° 297a Encontrè li est venus le niès al duc Bernart.
Por davant s'engenoille al duc al cors gailart;
Le cuer oit si tendre che de parler fu tart,
Mès celui le redrece che n'oit pont de resgart.

Por le consel de Naime le bon dus
Estoit le rois sor palafroi crenus;
Seli arere les altres est corus,
Seguirent lui li grant e li menus
Che por le dit Rainer furent tasant e mus,
Qi le niès K. avoit premer veüs

128 bois dic — 129 lieues en estant euire — 130 Je li nen rai... rimaroir — 131 bien de don — 136 eschiant aprençes — 140 qi non sui — 142 Ausi li uont de tier — 143 tot part — 145 E la sseront — 147 e *manque devant* chevalier — 148 de doz pieres sen esirent — 149 hues damans — 150 Tan proie... momart — 156 Encontre li estoit — 163 le grant — 164 rainere — 165 Qe.

Lez la fontaine desos l'arbre folus.
Donc n'i a nus che non fust revestus
De complie joie, mercïant l'aut Yhesus
E sa dolz mer, chi porta le bon frus,
Qe doné i ont tan de grace e sallus
Qe poront veoir le bon segnor cremus
Q'estoit son spoir, conqisse e clere lus.
Qua[n]d Ro. garde parmè le pré erbus,
Causi Rainer che ça estoit desendus;
De salüer oit le cors si inclus,
Che à poine puet dir : « Bien soiès venus. »
Rolant le quens en ses bras l'out prendus,
Doumant l'acolle, amont le drece sus
v° Molt gentilmant l'out receüs (*sic*),
Mès n'oit lesir de dir gaire trop plus,
Fors solement : « Bien venez vos, mon drus, »
Que le grand ost caussi dou Cesarus.

Le duc regarde parmè la val soptaine,
Vit la grand ost do rice Çarlemaine,
Li duc, li princes, li baron e la graine
Qui mielz pooit randoner por la plagne,
Por veoir cil che vient de tere straine.
Le niès Karlon dit à Hue ch'el magne
Son bon cival e derer lui remagne;
Encontre alla à la nobel compagne :
Aler lui senble un an anz che l'atagne.
Si tost ch'il fu sor le varon de Spagne,
Voit Oliver ou cival de Sardagne,
Chi dei venir les argüe et ingragne,
Qe de süor tot le destrer s'en bagne.
L'escu, le heume, la lançe ou tot l'ensagne
Tere le nies Karlez conduit ves li magne (*sic*).
Tost que Oliver conuit le çavetaine,
Non croy sparvier plus tost la quaille pragne
Com el desend por desus la canpagne;
Roland le voit, pieté si le sofragne
Ch'el non poüst per tot l'or d'Alemagne
Parler un mot, mais con angle vollagne
Desend à terre après sa doz conpagne.

166 Delez... lerber folus — 169 clie porta — 170 ta de grace — 171 ueoir lon sor cremus — 172 Qe sois... cler lus — 173 Ro. esgarde. — 176 soies uos uenus — 177 en tie branslont — 179 lont — 186 poit radoner — 188 Karles — 192 Si tost con — 194 che — 196 Lescu eume — 199 la *manque* — 203 ma si con.

Lor est Ro. desor la lande erbue
Desis à terre de sa beste crenue
Près la conpagne che tant oit cher tenue.
Con baçaler, qua[n]d plus voloir l'argüe,
Prent in ses braz la puçelle tot nue,
Ne ja por mort non l'averoit rendue,
Fo 298a Tot ensemant le duc la color mue.
Tan fu à cescun la joie gran creüe
Qu'el tenoient leur chiere basse e mue.
De l'acoler fu la joie conplue,
Q'à pou ne furent passmé sor la menue;
La leur parole fu si vaine e perdue
Por la dolçor ch'al cor li fu moüe
Qe de gran piece n'iert raison manteüe;
L'uns guarde l'autre con oilz, sens debatue.
Asis fusent por desus l'erbe drue;
Mais à Oliver fu langue revenue :
« Sire Ro., procce vos est falue,
Che vos conpagnie m'avez mal sostenue;
Mais bien pois dir, se Domenedé m'ajue :
Qua[n]t vos sens moi oltre la mer fondue
Vos en alastes en la çent meschreüe,
La conpagnie d'ovec moi fu ro[n]pue,
Qant vos sens moi feïstes departue
De soz Viene me fu la foy plevue,
Che le frer Aude por nule rien nascue
Ne feroit mès rier Ro. remansue. »

Rolant oï del duc la lamentançe;
Respond à lui con molt gran piatançe :
« Oliver frere, sauve ta reverançe,
vo Enver de vos n'ai feit mesconoisançe :
Qua[n]d moi parti da l'enperer de França,
Vos savès bien, sans plus membrer, l'ontance
Qe moi fu feit, n'en fesons remenbrançe.
A celui pont me sorpris tel irançe
Qe je perdi de tot bien conosançe;
De vos ni d'autre n'avoie remenbrançe,
Tan che non fu torné in ma siançe,

205 desoz — 208 uolor — 212 cescus — 213 cluere basse — 215 qe pue ne furent — 216 La leur proie fu si uaine pedue — 217 monue — 218 rasso mant cue — 221 laigue — 222 est *manque* — 225 snens moi lotre — 226 amstres — 227 donc moi — 228 departie — 229 pleuie — 230 por nus hon — 231 Ne seroit — 234 saune — 235 mesconouauce — 237 remenbrer lautançe — 238 non fesomes — 241 non nauoit.

Car vos savez, bien voire est la sentançe
De celu saje che en son dir comançe :
Cum furor in cursu est, qua[n]d ire t'avançe,
Curenti cede furori, et abstinançe
Si feit t'amer; de li seit recordançe.
La mercé Dé et de sa gran pusançe,
Tan ai je fet pois nostre desevrançe
Que la plus part de ceus che n'ont creançe
En Yhesus Crist ne in sa dolz fiançe,
Dou regne Persians, son torné à l'usançe
Che nos tenon à la degne sostançe.
Veez le fil soldan, que soz sa brançe
Tient tot le regne, feites lui reverançe
Por mon amor; bien ve di sens falançe
Ch'el out por moi gerpi son habitançe
E per e mer lassés en gran herançe. »
Dit Oliver por grand hobediançe :
« Por vetre amor lui met en no fiançe,
De tot le mien le ferai comunançe. »
De l'embracer Sanson sen demorançe
Non s'en feinz mie, mès enver lui s'avançe,
Enbraze lui con molt bele acontançe,
F° 299a Baise le el vis, puis dit por amistançe :
« Frer, por celui che estoit ma sperançe,
Senpre serai à vetre comandançe. »
Cil l'in mercie con une dous senblançe.

A l'encontrer che fu sor le laris
De dous vasaus che sunt des bons eslis,
De pieté et joie fu grand le ploreïs :
« Sire Oliver, dit Ro. le marchis,
Bien en pui dir, e sin soiès tot fis,
De quant je sui estié al regne persis
Non fu mais ore, mon cor non fust pensis
Per vetre amor, enbron et amutis;
Se le cors fu oltre la mer fondis
En conpagnie des paiens arabis,
Le niès Girard tenoit le experis,
Ne jor ne noit non fu da vos devis. »

243 faucz bien uor — 245 Con furor in cursu e — 246 Curenti — 247 e de li — 248 de De — 249 Tan ai fet pois ma — 251 sandolz — 252 alleusançe — 253 alle — 255 reg feit — 258 En per — 260 enofrance — 263 mes uer lui auance — 264 Enbraz lui tost con — 265 Basse lui — 266 che stoit — 268 Cil in — 269 A laconter — 270 des bonte — 273 e sin soie — 274 De quant esui — 275 Non fu major — 278 En conpagne — 280 non fi.

Don fu Oliver del parler si aquis
Que bien le mostre d'andos les ois del vis.
A poine poit dir : « Sire, gran mercis, »
Che Salamon, le roi poesteïs,
Vient randonant con hom voluntaris
Veor le duc che or est revertis,
Che plus le ame ch'ome del segle vis.
Anz que Ro. del tot le coneïs,
Est Salemon del bon cival desis,
For che davant e genellon se mis,
v° Baisé l'aüst la ja[n]be e tot le pis.
Roland l'acolle disant : « Stez sus, amis. »
Plus tost n'av(e)roit un ostor la perdris,
Con le camoi fu covert de Francis.
Entor lui fu coru grand e pitis :
Ceus sunt plus liez che plus prochan sunt mis;
Ceus che pueent tocher le auber trelis
De cescus maus se tenoient garis.
Tel fu la noise, le tanbor e le cris
Che jetent Franc quand il l'orent causis,
Que trestot le air e le poi en tentis,
Disant ceschus : « Yhesus grace e mercis,
Che rendu nos a l'ome beneïs. »

Grand fu la prese des Francs et de Berton,
Des Allemans, de Flamens, de Frison
Che fu entor Roland le fil Milon.
Segnor, jamès si grand procesion
Ne fu veüe d'Alemans à bordon
Aler à Rome, à Saint Pier Pré Neron,
Quand est mostré le pan qui la façon
Reçu e l'imaje de nostre sir Yeson,
Con vient veor [Rolant] le niès Karlon.
Là veïssiez le bas desor le lon,
Ceścus urter e poier contremon,
Disant un cri plus de mil à un ton :
« *Cantate Domino canticum novon*,
Que nos remaine la nostre garison,
Le douç, le onble, le per de pobres hon;

282 mostra — 284 poestis — 287 les ame cha on del selgle ius — 288 Anc — 291 Bassé — 293 un oti .VII. b. extris (*sic*) — 294 furet — 296 se mis — 297 puet — 298 tenoit — 299 nosse — 300 françois quand loit — 301 trestoit... *manque* e — 303 rendus nai — 304 françois — 305 Dallemas... e de frison — 308 Ne jame Alemans — 309 a scanper preneron — 310 ert mostre le pan que — 311 Recuit le maje — 312 Come — 313 Laueseç — 314 aurter — 315 a un cri — 316 Dominum.

Veez la conquisse de tuit ceste regnon,
Mort est Marsille e ciaus ch'o lui seron.
Se non lassent Trivigant e Machon;
Veez ici la lor destrucion,
Fo 300a Por quoi nos somes esteç morne et enbron.
Qua[n] tel[e] feste e joie vit Sanson
De la mervele la crois se fist en fron :
« Adès, dist il, che ert ce dit veon
Soul por cestu home; jamès non cuidesson
Cheli François tele joie in fesion.
A ! roi de Perse ! or vos tieng à bricon,
Qua[n]d avïès dedans vostre mason
La flor del segle, come dist l'espion,
E non feïstes tant d'onor con devon.
Or poeç dir che remis es en prison;
De ta richece non daroie un boton,
Qua[n]d n'estes ci à veor la flor del mon. »
Roland encline cescus de cor parfon.
A ces paroles es vos le fil Odon.
Quand vit Ostos la grand turbe inviron,
De joie c'oit non poit dir oc ne non;
Des striez oit treit le pieç, e sor l'arçon
L'en avoit mis, e sa man al menton
Oit apoié en plorant le baron,
E puis s'escrie à Frans e à Berton :
« Estez, estez, filç à putain, gloton !
Bien l'aveç vos toché à gran fusson;
Mais poro somes (*sic*) veor cestu lion.
vo Levez les oilz, vos, sire de Clermont;
No sei por quoi me portez atison,
Que toz les altres acolez à bandon,
Ancor ver moy — non sai ochasion —
N'avez degné parler un sol sermon.
Ja non sui je cil chi la mesprison
Fist desor vos de le guant sor le fron. »
Roland le cuens bien entendi le son
E vers Ostos soubzrit e puis respon :
« Mal scoler fustes à intendre Caton. »

Si tost comen le niès au fil Pepin

320 e craus cha lui seruon — 321 trungant e machion — 322 Veez in ci — 323 esteç mron — 326 che ert ce die — 327 nol — 328 tel — 329 nos tieg — 330 quad uos auenes de dau — 331 con dist — 333 en person — 335 nestes ti — 337 euos — 339 oche — 344 puta — 345 vos *manque* — 349 totes — 351 No auez — 352 ja non soje celu che la mes prson — 355 ostos rit — 356 at intender.

Avoit oï sir Ostos son cosin,
Deronp la presse de Frans et Angevin,
Contre lui vait à senblant felonin ;
Ne croi che plus buen falcon pelegrin
Aille plus tost sort clamor de polcin,
Comant Ostos desend dou moravin ;
Contre lui vait con atretel inclin,
Con feit dancel à baser le meschin ;
Genollé fust, mès le cons palatin
Le tient amo[n]t par le mantel d'ermin,
Le vis le baise e la boche aussin ;
Mais sir Hostos con se[n]blant horfanin
Dist : « Cousin sire, por le cors san Martin.
Fo 301a Ben vos puis dir e jurer tot à fin,
Si ne cuidasse jamai par nul convin
Plus amesez ne stranje ne visin
Con cil ch' estoit estrait de vestre lin.
Mostreç m'avez hoi senblant orfanin,
Si sui par vos estés morne et inclin,
Qua puis chel rois vos fist de senplin (*sic*)
Je nol feri de mon brand açarin. »
Respond le duc : « Cangiez cestu latin ;
N'est pas costume de noble ne d'aut lin
A remenbrer de l'home le laïn. »

« Sire cosin, ce dit le pugneor,
Dond n'avez vos lit cil saje outor
Che nos aprend, dirai vos le tenor,
Post inimiciciam e remenbrer le iror
Est la costume, frere, de mal ditor.
Litis preterite, dit le nostre autor,
Non doit saje hon estre remenbreor.
Non mervelez se non sui blandior
Enver de vos, car ce seroit folor ;
Si vos di bien e vos don à savor
Che plus vos am che jendre ou usor.
Tan con je fu in la gent paienor
Le cor Hostos m'estoit davant tutor.
vo Se je vos port ne vos a moy amor.

358 Auoit oisi ostos — 359 augein — 360 a *manque* — 361 bue falcon — 363 morain — 364 C. lui iroit con atre tel in chin — 368 baisse — 369 sir *manque* — 370 consin — 371 vos *manque* — 372 si nel 374 trait — 376 mron et inchin — 378 Je non feri — 380 nert... daute lui — 381 de lu home — 383 vos *manque* — 386 Ert — 388 saies hon e nostre — 390 car *manque* — 391 e si uos dont a sauaor — 392 cha jendre ausor — 393 atant — 395 ne uos auoy.

Da uns à l'autre, bien vos don à savor,
Non doit pas estre gré valant une flor
Per droit rason, se bien gardez le vor.
Plus n'ai parent ne pitit ne greg[n]or
Proçan de vos, mais à trestot cestor
Sui je tenus, quand por lor buen volor
Sunt en Expagne, e de moi servior.
De vos savoie e sui certan tutor
Che vos jamès, por çaut ne por fredor,
Non falirois al roman senator;
Mais ceste jant non cuide mes veor
Que trové ai cor tendor (*sic*)
Quan por moi sunt esté in tel langor.
Non saveç vos le proverb d'ancessor :
Plus d'une sole perdue berbis pastor
Quand la retrove en oit il joie ancor
Que de cinquante che ait in stable à segor;
Por coi le di, n'a mester splanceor. »
Bien l'entendi, dist Hostos : « Tu di vor. »
Anz che le duc moüst da le contor,
Ne chel montast de sor l'emisador,
Garda son destre e vit l'enperaor.

Le duc regarde, voit li rois che venoit,
O lui duc Naime et Oger ad esploit;
Le roi perçuit la prese ch' entor oit
Au fil Milon, il mesme coneoit :
« Por san Donis, dit-il, voire disoit
Le pro Rainier, e de rem non gaboit. »
— « Voir, dit Oger, se soie beneoit. »
Le petit pas que premier cevalçoit
Fo 202a Fist il venir assez plus che de troit.
Rolant encontre son oncle s'en venoit;
Tost che le roi descendre luy voloit,
Le duc l'enbrace la janbe et le piez droit;
Le roi desend del cival o il seoit,
De pietié e joie le cor oit si dest[r]oit,
Qu'en celu pont, par tot l'or che ce soit,
Non poüst mie ver lui parler un moit.

397 un flor — 399 *le premier* ne *manque* — 401 soie tenus — 402 e de uos seruior — 404 çant ne por ferdor — 405 alle — 406 non cuit — 408 lagor — 411 ennoit — 418 e voit li rois che nevoit — 419 O lui le duc — 420 che ne tor lui estoit — 422 dissoit — 423 Le por — 424 Voire dit oge — 426 Fist venir... chadetrot — 427 son oncle uoit — 428 descender — 429 janble — 430 la oil seoit — 431 Die pietié — 432 ce *manque*

Davant son niès engenolé seroit
Mercé crier de ce che feit li oit,
Mès cil, che tot de bonté sormontoit,
Sengenola, si con fere devoit,
Davant celu che plus de cor amoit
D'ome del secle, e merci li cr[i]oit.

Davant son oncle le fil de la marchise
S'engenola e merci oit requisse,
Oiant trestot de Flandre et de Frise :
« Sir enperer, dit Rolant en devise,
A vos plaser prenez de moy justisse,
Car enver vos ai fet plus grand fantise
D'ome del secle, bien le sai par certise,
Quar vos par moi estes en ma conquisse ;
Je m'en alay, e l'ost ici remisse
Avez tenu por vestre gran f[r]a[n]chisse,
Don doit bien estre — non di por gabarixe —
vo Por desor moy la venjance sorprixe. »
La spie trait, por la moitié l'oit prisse,
Pormè la man de roi de san Donise
Si l'a baili; oiez gran gentilixe,
Con grant orgoil oit unbleté conquise.
Le roi l'entand, l'arme oit si conquise
Qu' il non poüst, con la storie devise,
Un mot parler por la cité de Pise.

De la gran joie c'oit K. le bon rois
A poi non pasme por desus le camois ;
Plus d'un arpaint de terre alensois (*sic*)
Anz che parler poüst à clere vois ;
Mais en ses brais tient son niès li march[o]is,
Amont le dreçe, basant e boche et ois,
Con plus desir e de cuer plus pietois
Che non feit dame so[n] mari, ce saçois.
Quan il revient de païs estranois.
Quand le roi parle, si dist con unble vois :
« Douz fil, dit-il, resuresi m'avois
Da mort à vie, vesqui n'aüse un mois.

434 son ueu engenele — 437 fer — 440 plus *manque* — 447 qua uos... e ma conquisse — 448 E je ualay lost in ciremisse — 452 por morte — 453 por me la mance — 457 si con lastone deuise — 462 parle — 463 son brais tient son ueu — 465 *le second* plus *manque* — 467 rement de pais estrauois — 468 ovvle uois — 470 nausent.

Douz ma sperançe, mon confort, mon repois,
Brais de justice envers les orgolois,
Plen d'unbleté, sanz orgoil e bufois,
Cuer de mon vantre, clere lus de mes ois,
Fo 303a Se je vos fi oltraje ne sordois,
Car pur dès ore, biaus duz niès, je conois
Que senz vos [bras] non valdroie un pois,
E si pri Diex, l'altisime gloriois,
Che mort moi soit in conpagnie tot fois
Che mais je voie cil pont, quand finirois. »
De la pieté del roi des Romanois
En plurerent environ tuit François.

471 e mon repois — 472 euers — 473 Plan de nbelte — 474 clerlus de mon dis — 475 Se mi uos fi; *il semble qu'il manque ici un vers* — 476 duz mes — 478 E si pu... glonois — 480 Che mais jeuoit... quand je finirois — 481 de rois des Romarois — 482 plurent.

FIN.

TABLE DES MATIÈRES

ADDENDA.

APPENDICE.

FASCICULE SEIZIÈME. — CATALOGUE DES FIGURINES EN TERRE CUITE DU MUSÉE DE LA SOCIÉTÉ ARCHÉOLOGIQUE D'ATHÈNES, par M. J. MARTHA, ancien membre de l'Ecole française d'Athènes, maître de conférences à la Faculté des lettres de Dijon (avec 8 belles planches en héliogravure hors texte, et un bois intercalé dans le texte). . . 12 fr. 50

FASCICULE DIX-SEPTIÈME. — ÉTUDE SUR PRÉNESTE, VILLE DU LATIUM, par M. Emmanuel FERNIQUE, ancien élève de l'Ecole normale supérieure, ancien membre de l'Ecole française de Rome, professeur d'histoire au collège Stanislas. Grand in-8°, avec une grande carte et trois planches en héliogravure. . . . . 7 fr. 50

FASCICULE DIX-HUITIÈME. — RECHERCHES ARCHÉOLOGIQUES SUR LES ILES IONIENNES. — III. **ZANTE**. — IV. **CÉRIGO**. — V. **APPENDICE**, par M. Othon RIEMANN, ancien membre de l'Ecole française d'Athènes, maître de conférences à la Faculté des lettres de Paris (avec deux planches hors texte).. . . . . 3 fr. 50

FASCICULE DIX-NEUVIÈME. — CHARTES DE TERRE SAINTE PROVENANT DE L'ABBAYE DE N.-D. DE JOSAPHAT, publiées par H.-François DELABORDE, ancien élève de l'Ecole des Chartes, ancien membre de l'Ecole française de Rome. Grand in-8°, avec deux planches en héliogravure. . . . . 5 fr.

FASCICULE VINGTIÈME. — LA TRIÈRE ATHÉNIENNE. Etude d'archéologie navale, par M. A. CARTAULT, ancien membre de l'Ecole française d'Athènes, professeur de rhétorique au lycée Charlemagne (avec 99 bois intercalés dans le texte et 5 planches hors texte). 12 fr.

Ouvrage couronné par l'Association pour l'encouragement des études grecques en France.

FASCICULE VINGT ET UNIÈME. — ETUDES D'ÉPIGRAPHIE JURIDIQUE. De quelques inscriptions relatives à l'administration de Dioclétien. — I. *L'Examinator per Italiam.* — II. *Le Magister sacrarum cognitionum*, par M. Edouard CUQ, ancien membre de l'Ecole française de Rome, professeur à la Faculté de droit de Bordeaux. . . . . 5 fr.

FASCICULE VINGT-DEUXIÈME. — ETUDE SUR LA CHRONIQUE EN PROSE DE GUILLAUME LE BRETON, par H.-François DELABORDE, ancien élève de l'Ecole des Chartes, ancien membre de l'Ecole française de Rome.. . . . . 2 fr.

FASCICULE VINGT-TROISIÈME. — L'ASCLÉPIEION D'ATHÈNES D'APRÈS DE RÉCENTES DÉCOUVERTES, par M. Paul GIRARD, ancien membre de l'Ecole française d'Athènes, maître de conférences à la Faculté des lettres de Toulouse (*avec une grande carte et 3 planches en héliogravure*). . . . . 5 fr. 50

FASCICULE VINGT-QUATRIÈME. — LE MANUSCRIT D'ISOCRATE URBINAS CXI DE LA VATICANE. DESCRIPTION ET HISTOIRE. RECENSION DU PANÉGYRIQUE, par M. Albert MARTIN, membre de l'Ecole française de Rome. . . . . 1 fr. 50

FASCICULE VINGT-CINQUIÈME. — NOUVELLES RECHERCHES SUR L'ENTRÉE DE SPAGNE, CHANSON DE GESTE FRANCO-ITALIENNE, par M. Antoine THOMAS, ancien membre de l'Ecole de Rome, maître de conférences à la Faculté des lettres de Toulouse. . . . . . 2 fr.

FASCICULE VINGT-SIXIÈME. — LES SACERDOCES ATHÉNIENS, par M. Jules MARTHA, ancien membre de l'Ecole française de Rome et de l'Ecole française d'Athènes, maître de conférences à la Faculté des lettres de Dijon.. . . . . (*Sous presse.*)

DEUXIÈME SÉRIE (FORMAT GRAND IN-4°).

LES REGISTRES D'INNOCENT IV

RECUEIL DES BULLES DE CE PAPE

Publiées ou analysées d'après les manuscrits originaux du Vatican et de la Bibliothèque nationale de Paris

Par Elie BERGER

Membre de l'Ecole française de Rome, lauréat de l'Institut de France.

Grand in-4° sur 2 colonnes.

N. B. Ce grand ouvrage paraît par fascicules de dix à quinze feuilles environ. Il se composera de 270 à 300 feuilles, formant 3 beaux volumes. — Le prix de la souscription est établi à raison de *cinquante centimes* par feuille. Aucun fascicule n'est vendu séparément. Les trois premiers fascicules (f[lles] 1 à 58) ont paru. Prix de ces 3 fascicules : 29 fr. Le 4e est sous presse. Les fascicules suivants se succéderont rapidement et régulièrement.

ERNEST THORIN, ÉDITEUR.

MÉLANGES D'ARCHÉOLOGIE ET D'HISTOIRE

PUBLIÉS

PAR L'ÉCOLE FRANÇAISE DE ROME

En vente : 1re année (1881) complète

5 fascicules en 3 parties. Grand in-8°, avec planches. . . . . 17 fr. 50

www.ingramcontent.com/pod-product-compliance
Ingram Content Group UK Ltd.
Pitfield, Milton Keynes, MK11 3LW, UK
UKHW020354180726
13839UKWH00003B/1101

9 782329 519616